Claudia Sheinbaum:

PRESIDENTA

Claudia Sheinbaum:
PRESIDENTA

ARTURO CANO

Grijalbo

El papel utilizado para la impresión de este libro ha sido fabricado a partir de madera procedente de bosques y plantaciones gestionadas con los más altos estándares ambientales, garantizando una explotación de los recursos sostenible con el medio ambiente y beneficiosa para las personas.

Claudia Sheinbaum: presidenta

Primera edición: julio, 2023
Primera reimpresión: julio, 2023

D. R. © 2023, Arturo Cano

D. R. © 2023, derechos de edición mundiales en lengua castellana:
Penguin Random House Grupo Editorial, S. A. de C. V.
Blvd. Miguel de Cervantes Saavedra núm. 301, 1er piso,
colonia Granada, alcaldía Miguel Hidalgo, C. P. 11520,
Ciudad de México

penguinlibros.com

ISBN: 978-607-383-502-2

Impreso en México – *Printed in Mexico*

Índice

1

"¡Soy compañera, y me llamo Claudia!"

"Dejen eso que no sirve para nada y vamos a apoyar a la gente"

Al escuchar que tocaban la puerta los muchachos se asustaron. Tras un momento de indecisión uno de ellos se animó a levantar un poco la cartulina negra que cubría la ventana del cubículo del Comité de Lucha y, un tanto nervioso, volteó a ver a sus compañeros dentro del estrecho local:

—Son dos güeritas —dijo en voz muy baja.

—…

—¿Qué hacemos? —se preguntaban, incrédulos, porque no solían recibir visitas en ese cubículo del Colegio de Ciencias y Humanidades Sur de la UNAM.

Tras vacilar un momento decidieron abrir la puerta, sólo para encontrar a dos muchachas, tan jóvenes como ellos, que venían a sacarlos del ostracismo y, a la postre, invitarlos a sumarse a ellas. Era 1977 y las "dos güeritas" eran Mireya Imaz y Claudia Sheinbaum.

Muchos años después Baltazar Gómez Pérez cuenta la anécdota frente a una taza de café y Claudia la confirma, en su oficina de la jefatura de Gobierno de la Ciudad de México, con una sonrisa y un dato adicional: "Sí, eran Balta y Manolo, que acabaron en el CESOC. Los involucramos, les dijimos: 'Ya dejen sus cosas ésas que no sirven para nada y vamos a apoyar a la gente'". Las siglas del Comité Estudiantil de Solidaridad Obrero Campesina condensan los años juveniles —arrancan, en rigor, en su adolescencia—, porque fue como integrante de ese grupo que Claudia se fogueó como activista estudiantil.

Ella tiene muy presente a Baltazar. Recuerda, por ejemplo, que tuvo dificultades para egresar del CCH, "porque siempre tenía muy mala suerte" y en una clase de inglés juntó dos cables que estaban en piso e hizo un corto circuito en todo el plantel. "Lo querían expulsar".

Muchas personas que conocieron a Claudia Sheinbaum en su época estudiantil la recuerdan como una estudiante muy dedicada y buena oradora. Otro rasgo que mencionan es su "capacidad de persuasión". Al menos en el caso del Comité de Lucha del CCH funcionó: "Después jalaron con nosotros. Manolo trabajó conmigo en Tlalpan, ahorita no sé dónde ande".

Política en el desayuno, la comida y la cena

En tiempos de *selfis* y registro intensivo de la realidad se extraña una memoria gráfica tan pormenorizada como sería hoy en día, pero la huella de Claudia puede hallarse sin hurgar mucho en todo recuento de las luchas estudiantiles de finales de los años 1970 y 1980, las que marcaron su trayectoria y la foguearon, igual que a toda su generación, siempre en primera línea, aunque todavía en el anonimato.

Antonio Santos, su compañero en el Consejo Estudiantil Universitario (1986-1987), ha preparado una larga lista de las luchas en las que Claudia ha participado y la recuerda en la huelga de hambre que encabezó doña Rosario Ibarra de Piedra a las puertas de la Catedral Metropolitana; en los boteos para apoyar la lucha de la Coalición Obrera, Campesina Estudiantil del Istmo (COCEI) contra el fraude electoral en Juchitán, Oaxaca; en las acciones de apoyo a los huelguistas de la refresquera Pascual; en la solidaridad con la huelga del Sindicato de Trabajadores de la Universidad Nacional Autónoma de México (STUNAM) y luego en el movimiento por el alargamiento del semestre; en el Paro Cívico Nacional de 1983 y muchas batallas más ("aquellas marchas gigantescas de los maestros", anota Claudia en referencia a las movilizaciones de los primeros ochenta).

Sus amigos de entonces la recuerdan recorriendo la ciudad de un lado a otro en un *vochito*, pues había aprendido a manejar a los 15 años.

11

Claudia Sheinbaum Pardo ingresó al CCH Sur en 1977 y de inmediato se sumó a su primera acción política en el ámbito universitario: el movimiento de rechazados. Su participación en política, sin embargo, le viene de casa y arranca con los antecedentes familiares, con la participación de sus padres en el movimiento de 1968.

—Parafraseando al clásico de Rigoberta Menchú…

—¿Cuándo me nació la conciencia?

—Sí, ¿o cuándo fuiste consciente de las desigualdades sociales, de la necesidad de tener una postura política?

—En mi casa se hablaba de política en el desayuno, en la comida y en la cena.

Raúl, el mentor político

Las imágenes del movimiento del 68 son borrosas en la memoria de Claudia, pues apenas tenía seis años, pero entre sus recuerdos de infancia atesora las visitas a la cárcel de Lecumberri, donde sus padres iban a visitar a un amigo de la familia: Raúl Álvarez Garín, uno de los principales dirigentes del Consejo Nacional de Huelga. "Les llevábamos de comer a los presos".

Del 68 Claudia recuerda haber pasado tiempo con sus abuelos paternos ("íbamos al balneario de Oaxtepec") y que, tras la matanza de Tlatelolco, su madre cambió de trabajo.

Pasaron años para que entendiera que su mamá había sido despedida del Instituto Politécnico Nacional (IPN), donde era profesora —mientras estudiaba la maestría—, por su participación en el movimiento.

Claudia se recuerda a sí misma sentada en las escaleras de su casa mientras algunos dirigentes discutían sobre la marcha del 10 de junio de 1971. Entre los asistentes estaba Salvador Martínez della Rocca y el asunto que se discutía era la marcha del 10 de junio de 1971, que culminaría con el *Halconazo*. "Ahí había gente que no estaba de acuerdo porque iba a haber represión, y otra gente que decía que sí, que había que volver a salir."

En una de las charlas que sostuvimos para este libro pregunté a Claudia Sheinbaum a quién reconocía como su mentor político. No dudó un segundo: "Aparte de mis padres, a Raúl Álvarez Garín, claro que sí".

Reconocido como la figura principal del IPN, Álvarez Garín fue a la cárcel y al exilio. De vuelta en México fue uno de los promotores de la revista *Punto Crítico*, una publicación que imaginaron en Lecumberri él mismo y otros dirigentes del movimiento. Alrededor de ella se articuló un grupo político y surgió, en 1978, la iniciativa de crear el CESOC, al que Claudia y Mireya Imaz sumaron a Balta y Manolo.

Álvarez Garín fue miembro del primer Comité Ejecutivo Nacional del Partido de la Revolución Democrática (PRD) y diputado federal, entre las mezquindades de la política y su falta de malicia —"Quiero mucho a Raúl", dijo alguna vez de él Carlos Monsiváis, "pero no le confiaría la huelga de un kínder"— dedicó su vida a la larga lucha por el esclarecimiento y justicia por las masacres de 1968 y 1971.

En esa batalla, Álvarez Garín hizo mancuerna con Jesús Martín del Campo, ahora diputado local en la Ciudad de México, quien recuerda que el primero alguna vez, nostálgico, le mostró las fotografías que atesoraba: en una de ellas aparecía en Ciudad Universitaria con Annie Pardo, madre de Claudia.

* * *

Ulises Lara, ahora vocero de la Fiscalía de la CDMX, era estudiante del CCH Oriente mientras Claudia estudiaba en el plantel Sur. Recuerda haberla conocido "por ahí de 1979", cuando él militaba en un grupo de inspiración maoísta. Los jefes del grupo solían mandar a los más chavos a las reuniones "para que se curtieran" y a Lara le correspondió asistir a una en el Centro Nacional de Comunicación Social (Cencos), que alojaba todo tipo de disidencias.

La reunión era para organizar la marcha conmemorativa del 10 de junio. La instrucción que había recibido Lara era buscar que el contingente de Oriente marchara al frente —"no afloje, compañero, ustedes van hasta adelante", le habían dicho—, así que cuando escuchó a alguien proponer un orden distinto para los contingentes, Lara dijo, con mucha seguridad: "No, compañero, nosotros tenemos que marchar al frente...".

La respuesta fue más que sorpresiva: "¡Soy compañera y me llamo Claudia!". Ulises Lara se comió la vergüenza y la discusión siguió. Ahora recuerda que se confundió porque entonces Claudia era "menudita, muy china y pelirroja, le gustaba el cabello cortito y vestía pantalón de mezclilla y camisa a cuadros".

"Ahora su voz es más aguda, pero de aquella época recuerdo una voz ronquecilla", cierra Ulises el episodio.

Las raíces y la continuidad

Mucho se ha escrito sobre el movimiento del Consejo Estudiantil Universitario (CEU). Incluso algunos de sus protagonistas han publicado sobre la historia y el significado de una lucha que arrancó como respuesta a las propuestas que el rector Jorge Carpizo planteó en el documento *Fortaleza y debilidad de la* UNAM y que, puesta a resumirlo en pocas palabras, Sheinbaum describe como "un movimiento en defensa de la educación pública".

En *Entrada libre. Crónicas de la sociedad que se organiza* (Ediciones Era, 1987), su libro-compromiso, Carlos Monsiváis dedicó 60 páginas al movimiento del CEU. En

15

ellas recoge el momento emblemático de la colocación de la bandera de huelga en la Torre de Rectoría.

Era un acto simbólico, entre otras cosas porque las autoridades universitarias habían sacado todos sus archivos y hasta los muebles en los días anteriores. Monsiváis narra una caminata en penumbras de 150 o 200 estudiantes, la brigada que había sido comisionada para esa acción.

Influidos por el sindicalismo, los ceuístas habían decidido estallar la huelga justo a las 12:00 de la noche. "Fue una tontería, la debimos haber estallado al mediodía, y no en la noche sólo con las brigadas de los activistas más fieros", recuerda ahora, entre risas, Óscar Moreno, entonces dirigente del CCH Naucalpan.

Monsiváis escribe sobre esa noche: "Una joven afianza la primera manta. Emerge el goya, tan rehabilitado por el CEU". El cronista no registra más, pero la muchacha que afianza un extremo de la bandera de huelga en el primer minuto del miércoles 28 de enero de 1986 era Claudia.

Muchos años después, ella recuerda el episodio y dice que se trató de un acto espontáneo. "Siempre he sido así, muy aventada. Ahora ya no tanto, ya tengo otras responsabilidades, pero entonces era: ¿Quién sube la bandera de huelga? 'Yooo'. Entonces nos trepamos ahí a ponerla."

El CEU logró echar abajo el llamado *Plan Carpizo* y la apertura de un diálogo público en el que las autoridades aceptaron la realización de un Congreso Universitario.

Después del primer mitin

Una vez que arrancó el movimiento la participación de Claudia fue intensa. "No hubo una asamblea del CEU en la que no participara. Había oradores verdaderamente apasionados, y ella era una de ellas", dice Moreno.

Sheinbaum formaba parte del "*melting pot* ideológico", en la definición de Monsiváis; es decir, del grupo que "semana a semana en reuniones cerradas examinaba el desarrollo del movimiento". Para usar términos de la época, era el "núcleo dirigente" y se le conocía como la "Corriente" (y más tarde como "los históricos"). Sus dirigentes no tenían el mismo origen político, pero los unía el propósito de dar "racionalidad" al movimiento.

Óscar Moreno resume: "[El cineasta] Carlos Mendoza acierta al ponerle a su documental *La fuerza de la razón* porque nuestra fuerza no venía de la arbitrariedad, sino precisamente de la razón". En ese documental la joven Claudia Sheinbaum aparece enfundada en un overol, con el cabello corto y chino: "Al principio del conflicto la Rectoría gastó millones de pesos en publicaciones en los periódicos, en la radio y la televisión".

"La escuela es la escuela"

Hay cierta actitud vanidosa de Claudia cuando dice: "No es por nada, pero siempre fui muy buena estudiante". Ese rasgo de su personalidad lo atribuye sobre todo a la disciplina y la disciplina que le inculcó su madre, la también científica Annie Pardo: "Mi mamá siempre nos decía: 'Está bien, van a hacer otras cosas, pero la escuela es la escuela'".

En su etapa formativa del CCH —fundado por el rector Pablo González Casanova— Claudia estaba en el turno 01, de 07:00 a 11:00 de la mañana. De 11:00 a 12:00 tomaba clases de francés y por las tardes, sin falta, iba a sus clases de ballet clásico. "Siempre estudié ballet", dice con cierta nostalgia. "Andaba en eso [las actividades políticas], pero nunca me perdía mis clases de ballet en las tardes, hasta el primer año de la facultad."

—Hablemos de la época del CEU. Quizá Baltazar lo ha dicho mejor que otros: "Fue una época en la que crecimos como personas de una manera muy cabrona".

—Sí, muy rápido. Una responsabilidad muy grande, muy jóvenes.

—¿En la víspera del movimiento del CEU, ¿tú estabas muy dedicada a estudiar?

—Sí, yo prácticamente ya no participaba en nada porque me fui a las comunidades rurales —a donde llegó enviada por sus profesores.

Cheranástico

Claudia habla entonces de su interés por los temas relacionados con la energía. En la Facultad de Ciencias se sumó a un grupo que coordinaba Marco Antonio Martínez Negrete, quien impartía una materia optativa llamada precisamente Energía.

Recuerda: "Eran aquellas épocas de la lucha contra Laguna Verde, contra la energía nuclear. Muchos compañeros llevamos una clase con Martínez Negrete y otra con Flavio Cocho que se llamaba Calor, ondas y fluidos, y no aprendimos mucho de las ecuaciones diferenciales".

Sus maestros eran de la idea de que los jóvenes debían aprender con problemas reales. "Entonces nos pusieron a estudiar la contaminación atmosférica de la Ciudad de México. Eso era en tercer o cuarto semestre."

El profesor Martínez Negrete era michoacano y propuso a sus alumnos hacer trabajo de campo en su estado de origen, en la región purépecha. Así que fueron primero a una comunidad llamada Las Guacamayas y más tarde a Cheranatzicuirín (quizá mejor conocida como *Cheranástico*), una población que hoy tiene apenas poco más de dos mil habitantes. Los estudiantes pasaban la mitad de cada mes en la comunidad. "En esa época casi no participaba en el movimiento estudiantil."

Claudia recuerda, en cambio, que a veces viajaba sola hasta la comunidad. "Había que tomar dos camiones, y no eran camiones de los de ahora, sino medio guajoloteros, de Flecha roja o Autobuses de Occidente. Pero me gustaba mucho ir a la comunidad; era vivir el México rural, las carencias y al mismo tiempo la alegría, ¿no?"

A principios de marzo de 2023 Claudia Sheinbaum —como parte de sus visitas a los estados que han sido duramente criticadas por la oposición— ofreció la conferencia titulada "Políticas de gobierno al servicio del pueblo" en Morelia. Ahí contó del trabajo que hizo décadas atrás en la Meseta Purépecha:

> Un grupo de jóvenes decidimos que la física para nosotros tenía que ser aplicada, y trabajamos cerca de tres años en Cheranástico […] Yo me dediqué a medir la cantidad de leña que usaban las mujeres en las casas y a hacer estufas eficientes de leña para mejorar la vida de las mujeres, hacer menor el consumo de leña (y, por ende, reducir el tiempo de exposición al humo) y mejorar el bosque; sobre todo, mejorar la salud de las mujeres y ampliar su tiempo libre.
>
> Desde siempre me interesé por los derechos de las mujeres, por los derechos de la naturaleza, pero sobre todo por el bienestar de la gente. Tres años estuvimos trabajando en la meseta y aquí se quedó mi corazón, la verdad, porque yo pensé que venía a enseñar y la que salí enseñada fui yo. De aquí me llevé el corazón de los purépechas y de las purépechas, sobre todo.

Claudia recién había terminado el informe de su proyecto —habían conseguido recursos de una fundación canadiense— cuando el rector Jorge Carpizo lanzó su iniciativa de reforma universitaria. Ella estaba entonces trabajando en su tesis y a la vez era ayudante de profesor en la Facultad de Ciencias. En esa calidad compartía un cubículo con otros adjuntos en el tercer piso del edificio.

"Esto no me lo puedo perder"

Imanol Ordorika y Carlos Imaz fueron a buscar a Claudia a su cubículo. Poco antes, el rector Jorge Carpizo había hecho público el documento en el que condensaba su visión de reforma universitaria.

—Me han dicho que te resistías a participar porque estabas concentrada en tus tareas académicas.

—Sí, sí, sí. Pero entonces fui al primer mitin del CEU y dije: "No, esto no me lo puedo perder", aunque ya había hecho todo mi trabajo de campo.

Antes del movimiento del CEU Claudia había tenido una intensa participación en la Facultad de Ciencias, a la que ingresó en 1981. Le tocó el momento en que Ana María Cetto dejaba la dirección y se preparaba el relevo. La Facultad de Ciencias contaba con una suerte de "autogobierno" y la nueva dirección tenía que salir de una asamblea general. "Alguien me propone y acepto conducir la mesa". Finalmente fueron 16 asambleas, la mayor parte conducidas por ella con otros estudiantes y profesores.

A la distancia, Claudia, que entonces era consejera técnica de la Facultad, dice que "en realidad era puro cuento eso de que la asamblea decidía, porque era después la Junta de Gobierno la que lo hacía. Nombraron a Félix Recillas, que llegó y no respetó lo que era la organización de la facultad… Se armó un lío; tanto que acabamos llevando su escritorio a la rectoría. Nunca renunció".

"Somos la fuerza de la razón"

Del movimiento del CEU Claudia destaca el logro del diálogo público.

> Eso fue un gran cambio que logró el CEU. Por supuesto, las primeras movilizaciones y los estudiantes que estaban en contra de las reformas también. Pero creo que ahí sí fue el CEU el que puso al centro el debate de las ideas, y el diálogo público derrotó a las autoridades universitarias. El eslogan del CEU era "Somos la fuerza de la razón", y eso es algo que nos marcó a todos: construir a través de la narrativa y el discurso político tus razones; no por la fuerza, sino por el debate y el convencimiento.

En su libro *Crónica de una victoria* (Brigada para Leer en Libertad, 2017), Martí Batres, quien fue representante de la Preparatoria 7 en el CEU, relata un pasaje que condensa simultáneamente una de las claves del triunfo estudiantil y el papel desempeñado por Sheinbaum:

Los diálogos no estuvieron exentos de tensión. Una madrugada la rectoría trató de llenar el auditorio Che Guevara con sus porros de Voz Universitaria. No lo lograron del todo, pero se dio un grave riesgo de enfrentamiento físico. Claudia Sheinbaum salvó la situación llamando a los ceuístas que lograron pasar a no caer en provocaciones. "Absoluto orden y silencio", les pidió. La apuesta pacífica del CEU fue clave para construir la victoria.

Cada hecho tiene múltiples lecturas, por supuesto. Y lo que Claudia recuerda es que el CEU iba ganando la discusión y que, en ese ambiente tenso del ingreso de los porros, un estudiante se puso muy nervioso:

—De pronto dijo: "Les va a hablar la compañera responsable de este evento", y me pasó el micrófono, para hablar a todo el mundo, para tranquilizarlos. Y yo lo más que decía era "tranquilos, tranquilos, no caigan en la provocación".

Fue en el movimiento del CEU que Claudia habló por primera vez en un mitin.

—Fue en diciembre de 1986, cuando frente a la Rectoría me tocó poner a votación la huelga.

—¿Qué le reprochaban a la corriente mayoritaria del CEU? ¿Haber tenido un movimiento triunfante?

—Sí. Prevalecía la idea de que si un movimiento resultaba triunfante era porque se negociaba lo innegociable. Porque lo que buscaban muchos es que hubiera represión. Entonces a los históricos, como se terminó llamando a la corriente mayoritaria, nos reprochaban que habíamos negociado con la autoridad, cuando en realidad se había conseguido lo que se quería, que era echar para atrás las reformas de Carpizo y hacer un congreso universitario, que se hizo tiempo después.

Los reproches, a pesar de los triunfos —o quizá por ellos—, se mantienen hasta ahora. En un texto sin firma publicado en la página web de la Fundación UNAM —hoy encabezada por Dionisio Meade, padre del excandidato presidencial del Partido Revolucionario Institucional (PRI) en 2018—, se dice que el CEU forjó líderes políticos que fueron clave en la construcción del PRD y también se alude a "excesos" de sus dirigentes, "que los llevaron a ser repudiados por la generación del Consejo General de Huelga (CGH) en 1999-2000".

Claudia defiende los logros y busca entender las razones de sus descontentos en la UNAM:

—Al parecer los que han dominado la UNAM desde entonces no perdonan a la generación del CEU.

—Yo creo que no. Muchos se acercaron a las autoridades universitarias después. En el fondo, incluso este grupo de Rolando Cordera que hoy tiene la secretaría general de la UNAM, nunca perdonó que les ganáramos el debate. Se sienten aristócratas de las ideas, habían asesorado a Carpizo, estaban pegados a él, fueron derrotados en la disputa política, y eso se quedó desde entonces.

—De alguna forma el movimiento del CEU rompió con esa suerte de tradición derrotista de la izquierda mexicana.

—Sí, creo que sí. Y esta idea de que luchar tiene sentido, también para cambiar al régimen.

La ruptura y la unidad

En un intento de desacreditar al CEU el rector Carpizo recurrió al manido expediente de acusar a "manos negras" y "agitadores profesionales" de estar detrás del movimiento que —como ha recordado Imanol Ordorika— buscaba "impedir las reformas restrictivas del acceso y la permanencia de estudiantes en la Universidad, así como por la gratuidad y el Congreso Universitario" (*La Jornada*, 8 de febrero de 2020). Carpizo acusó directamente, en un desplegado que hizo publicar, al Partido Revolucionario de los Trabajadores, la revista *Punto Crítico* y Convergencia Comunista 7 de enero.

Esta última organización surgió de una escisión de Punto Crítico, ocurrida en agosto de 1982. "Nos llamamos así porque éramos siete", bromea Juan Gutiérrez, quien conoce a Claudia Sheinbaum desde hace 42 años, y recuerda que en esa etapa "se daba la formación teórica en los círculos de estudio, leíamos a los clásicos".

El caso es que salieron de Punto Crítico, entre otros, Salvador Martínez della Rocca, Samuel Salinas, Carlos Imaz y Juan Gutiérrez.

"Ella se quedó en Punto Crítico, con quien reconocía como líder, que era Álvarez Garín. Esa reunión terminó al amanecer y todavía recuerdo que Claudia se acercó y dijo: 'No se vayan, estamos en lo mismo'."

Aunque fue una reunión tensa, "no hubo insultos", quizá porque en realidad no existían diferencias políticas de fondo, sino más bien de forma, relacionadas con "el estilo de Raúl".

"Y también con los modos de *El Pino*" (Salvador Martínez della Rocca, también líder del 68), aclara Claudia, quien hurga en su memoria aquel episodio.

"Si me preguntas cuál era la gran diferencia, la verdad ni me acuerdo, pero sí tenía que ver más con las formas que con el fondo. Era más una forma de hacer política, y tenía mucho que ver con que *El Pino* y otros ya se habían ido a Guerrero" (en 1980, a ser parte del experimento de la Universidad-Pueblo). Guardando distancias, ese afán de "preservar la unidad" está presente, muchos años después, en los afanes políticos de la jefa de Gobierno de la Ciudad de México.

El mitin de Cuauhtémoc

En 1987 la Corriente Democrática del PRI, encabezada por Cuauhtémoc Cárdenas, rompió con el entonces partido oficial y empezó el sondeo de posibles alianzas a la izquierda.

Una parte de los universitarios con esa tendencia estaba en la campaña del ingeniero Heberto Castillo, que terminaría declinando a favor del michoacano. Otra franja, en la que se encontraban algunos de los más reconocidos dirigentes del CEU, participaría en la creación del efímero Movimiento al Socialismo, que luego, en 1989, se sumaría a la convocatoria a formar un nuevo partido. Para cerrar el círculo Cárdenas buscó a los líderes más visibles del movimiento del CEU, que estaba todavía muy fresco. Los convocados fueron Carlos Imaz, Imanol Ordorika y Antonio Santos.

Una de las primeras reuniones entre ellos con Cárdenas se hizo en la casa que Claudia compartía con su entonces esposo, Carlos Imaz, en "una vecindad del rumbo de San Jerónimo", como la describe ella. En aquel entonces, dice Claudia, no pensaba que los políticos pudiesen ser personas sencillas, pero Cárdenas lo era. "Me llamó mucho la atención que se paró a servirse su café", dice, recordando una de las muchas actitudes del ingeniero que tanto contrastaban con la pompa del priismo ya en decadencia. En esas reuniones se acordó organizar la visita de Cárdenas a Ciudad Universitaria, que se convirtió en "un mitin muy impresionante".

La movilización se repetiría en 1994, en un ambiente muy distinto y con muchos estudiantes volcados en el apoyo al movimiento zapatista. Sus compañeros de entonces recuerdan que Claudia fue quien propuso la foto para el cartel de la convocatoria: el ingeniero Cárdenas con el subcomandante Marcos y el mayor Moisés, en la reunión que habían sostenido en la selva.

El cartel se acompañó de esta consigna: "Nuestros votos son las armas de la paz".

Los güeritos y las güeritas

Cuenta Baltazar Gómez que, en la época del CESOC, algunos militantes de otros grupos le preguntaban qué hacía con esa organización, si él era "morenazo de los Pedregales". La referencia surge porque los sectores más radicales del CEU rechazaban el "liderazgo de los güeritos", en referencia a estudiantes que, como Claudia, habían cursado la educación básica en escuelas privadas y provenían de familias con buenas bibliotecas. En ese grupo Claudia compartió militancia con su hermano Julio, su expareja Carlos Imaz y Edur Velasco, entre otros.

"Hay un espejismo ahí —ataja Óscar Moreno—. La realidad era distinta. Había dirigentes reconocidos, pero porque eran líderes de sus comunidades. Ésa fue una de las razones para que destacara Claudia, que era una de las dirigentes reconocidas de la Facultad de Ciencias, una de tres o cuatro."

Y Claudia completa:

—Estábamos todos juntos. Con la idea de que finalmente eres parte de un movimiento social.

—Estaban juntos güeros y no güeros.

—Pues sí, con esta idea de que finalmente eres parte de un movimiento social. Y nunca fuimos nosotros así, jamás.

—Ni los veían así el resto de los compañeros...

—Yo nunca lo sentí, ni en el CCH.

La maternidad y la doble jornada

Claudia se tituló como licenciada en Física, con mención honorífica, en 1988. Pasó entonces a hacer la maestría en Ingeniería Energética en la propia UNAM (1990) y luego fue la primera mujer en ingresar al doctorado en la misma especialidad.

Mientras cursaba la maestría nació su hija Mariana. Claudia tenía 26 años, era ayudante de docencia (en las materias de Cálculo 1 y 2), y cursaba la maestría en la Facultad de Ingeniería de la UNAM. Para sostener esa exigente rutina, Mariana ingresó a una estancia infantil del Seguro Social desde los cuatro meses de edad.

Cuando su hija Mariana tenía apenas dos años, la familia se trasladó a California. Regresaron cuatro años después y Claudia volvió a su puesto en el Instituto de Ingeniería de la UNAM. "Pero no nos alcanzaba el dinero, así que conseguí una asesoría en la Comisión Nacional para el Ahorro de Energía."

La rutina en esos tiempos era la de una madre trabajadora. Llevaba y recogía a los hijos a la escuela, y por las tardes los encargaba en casa de su madre. Pasaba por ellos y "nos íbamos a la casa, que quedaba en San Andrés Totoltepec, casi en el Ajusco".

"La angustia sobre todo era recoger a tiempo a los hijos de la escuela. Esa angustia permanente del tráfico, de que ya se había hecho tarde, y eso que yo tenía un Volkswagen. Entonces, pues así transcurre la vida de muchas mujeres."

—¿Cómo eres como mamá de tus dos hijos? —le preguntaron en una entrevista videograbada.

—Ellos siempre se burlaron mucho de mí, la verdad. Porque siempre trataba de ser alegre con ellos, con sus amigos, trataba de ser muy audaz y los hijos siempre me decían: "Mamá, ya no tienes la edad".

Mariana Imaz Sheinbaum contó, en la misma serie de entrevistas, cómo fue para ella esa etapa:

—Las mañanas eran así de "¡el desayuno!, ¡rápido!, ¡los tenis!, ¡la mochila!". Y recuerdo que me agarraba dormida, envuelta en las cobijas, me echaba en la parte de atrás del coche, íbamos a dejar a mi hermano, luego ella y yo nos íbamos a desayunar. Eran divertidas esas mañanas, la verdad.

Para ese momento Rodrigo ya cursaba la secundaria y Claudia recuerda que en una ocasión lo castigaron con tres días de suspensión: "Lo expulsaron tres días por una travesura que hizo en la secundaria 29 y fui a hablar con los maestros".

En la entrevista videograbada intervino Rodrigo:

—Una vez me corre la maestra de Matemáticas y me dice que no puedo volver hasta que no vaya mi mamá conmigo. Y llega Claudia. Toca la puerta y sale la maestra enojadísima y le dice: "Hola, soy la mamá de Rodrigo", y la maestra le azota la puerta en la nariz y le dice: "¡Ya lo sé, y no puede entrar!". Y nos quedamos los dos afuera diciendo: "¿Y ahora qué hacemos?". Y me dice: "Métete por la ventana". Y entonces yo me metí por la ventana y me senté y ya nadie dijo nada y pude regresar a mi salón.

En su biografía oficial está escrito que es investigadora definitiva titular B en el Instituto de Ingeniería de la UNAM (con licencia para ocupar cargos públicos), así como integrante del Sistema Nacional de Investigadores (SNI). También que es autora de más de 100 artículos científicos y dos libros sobre temas de energía, medio ambiente y desarrollo sustentable.

Como parte de sus estudios de doctorado realizó una estancia de investigación en el Laboratorio Nacional Lawrence Berkeley, en California.

Pero ni allá dejó el activismo.

Protesta sin fronteras

"*Fair Trade and Democracy Now*", dice la cartulina que una joven delgada y con una pañoleta en la cabeza sostiene en alto. Es un esfuerzo por dejar al menos testimonio de oposición en la gira triunfal de Carlos Salinas de Gortari, entonces en la plenitud de su poder, por California. La revista *Proceso* (núm. 779, 7 de octubre de 1991) eligió la imagen para acompañar un texto que tituló: "Las protestas siguieron a Salinas en todo su viaje".

En la imagen se miran varios carteles más que dan cuenta del sentido de la protesta: "¿Cuántos muertos votaron en las pasadas elecciones?", "México: la dictadura perfecta". El pie de foto agrega el dato de que se trata de la protesta en la Universidad de Stanford, donde Salinas pronunció el discurso central por el centenario de la institución.

Los Angeles Times y *The Stanford Daily* recogieron la declaración de la estudiante que portaba la cartulina que reclamaba comercio justo y democracia: "Como nos impidieron realizar un diálogo con el presidente tuvimos que hacerlo de esta manera".

La muchacha de la pañoleta era Claudia Sheinbaum, quien entonces realizaba una estancia académica en California, mientras su entonces esposo, Carlos Imaz, cursaba el doctorado en Educación en la Universidad de Stanford.

En una de las charlas para este libro teorizábamos sobre la migración, cuando le pregunté:

—¿Y cómo fue vivir en Estados Unidos?

—Uy, qué cambio. Pues muy bonito porque fue una vida de estudiante. Entonces vivíamos en Stanford que tenía una estancia para estudiantes, creo que ya destruyeron esas viviendas, eran casitas chiquitas que hacían un círculo y todas las puertas de atrás daban a un jardín. Los hijos convivían con niños de todo el mundo, porque eran para estudiantes extranjeros. Y pues tenía beca y aparte trabajaba. Me dedicaba a hacer el doctorado, a trabajar y a vivir con los niños. Una época bonita.

"Pero al mismo tiempo, con todo y que nosotros somos de tez blanca también había discriminación… Lo más rico era irse a comer por ahí, donde había las mejores carnitas, porque todo Aguililla, Michoacán, vive en Redwood City. Una de mis mejores amigas es de aquella época, una michoacana, economista que cruzó la frontera porque no tenía trabajo y también por la violencia. Comenzó limpiando casas y ahora trabaja en el hospital de Stanford. Se llama Alma González.

Al asumir la jefatura de Gobierno de la Ciudad de México, el 5 de diciembre de 2018, Sheinbaum hizo la obligada evocación: "Es quizá una casualidad histórica, pero no deja de asombrar el triunfo nacional y la reconquista de la Ciudad de México por un movimiento democrático y pacífico 50 años después del movimiento estudiantil de 1968 y 30 años después del fraude electoral de 1988. Ése es nuestro origen, pero nuestro gobierno será para todos y para todas".

"Lo siempre ajeno, lo nunca nuestro"

En 2022, sus compañeros de entonces —la corriente de los históricos, se entiende— organizaron un baile para conmemorar 36 años del CEU. El lugar elegido fue el legendario y venido a menos Salón Los Ángeles.

La fiesta fue justo el 31 de octubre, fecha en la que se realizó la primera asamblea, en el auditorio Ho Chi Minh, de lo que sería el movimiento ceuísta.

Antes de abrir pista, Marjory González Vivanco y Trilce López Rascón dieron lectura a un discurso elaborado colectivamente, en el que retomaron la frase de la pared de Filosofía y resumieron:

> [Un día como hoy se realizó la asamblea] con cerca de 200 activistas estudiantiles, representantes de 25 escuelas y facultades de la UNAM para articular la resistencia a la primera gran embestida privatizadora contra la educación superior pública en México y exigir la derogación de las reformas encaminadas a subir las cuotas, eliminar el pase automático del bachillerato a licenciatura y establecer exámenes departamentales en franco agravio a la libertad de cátedra. Se anunciaba una universidad más autoritaria, excluyente y elitista donde no cabíamos y ante esa visión desde el CEU respondimos "queremos todo, lo siempre ajeno, lo nunca nuestro, lo tomaremos".

Entre salsa y cumbia bailaron también los relatos de sus compañeros sobre una Claudia que siempre fue de las más activas y propositivas. Una estampa: en el inicio del movimiento se decidió hacer una pinta en el terraplén del estacionamiento de Filosofía.

Crecida en un ambiente de música folclórica y de protesta —de niña formó parte de un grupo musical con su hermano Julio, "que tocaba las de Inti Illimani"—, fue Sheinbaum quien sugirió la frase de la canción escrita arriba, de la autoría del uruguayo Daniel Viglietti.

La jefa de Gobierno no asistió, pero eso no fue obstáculo para que estuviera más que presente en el lugar. Además del recuento de los aportes de la generación del CEU a la democratización de la ciudad y del país, que culminó con la elección de 2018, el discurso que antecedió al baile fijó postura a ritmo de chachachá:

> Se trata de un camino que apenas inicia. La victoria electoral no es, no puede ser fin último, sino apenas el abrir de las puertas hacia un sitio vedado por años para la mayor parte de la población del país. Treinta y seis años después seguimos caminando, soñando y sonando con los mismos principios y convicciones que nos reunieron entonces. Desde la fundación del CEU hasta la fecha, las y los ceuístas fuimos, somos y seremos agentes de cambio.

> Hoy, una de nosotras y nosotros, una destacada, valiente y brillante activista del CEU, podría ser la primera mujer en ocupar la presidencia de la República.

Luego vino el reguero de polilla, y una certeza al mirar las parejas: en la pista bailaba una generación que siempre ha entendido la política como acción colectiva.

Vuelta a casa

A manera de broma, al evento le dicen "el Vive Latino de la academia". Es la reunión del Consejo Latinoamericano de Ciencias Sociales, que en 2022 volvió tras la obligada pausa pandémica y reunió a 15 mil participantes.

La sede fue la UNAM y una de las invitadas de honor a la inauguración, en su calidad de jefa de Gobierno de la ciudad anfitriona, fue Claudia Sheinbaum. El acto se realizó en la Sala Nezahualcóyotl del Centro Cultural Universitario el 7 de junio, con la participación de poco más de dos mil académicos del subcontinente.

Claudia llevó una pieza oratoria quizá más pensada para los latinoamericanos y caribeños presentes: una suerte de ABC de la 4T (lucha contra la corrupción, programas sociales, etcétera); y no faltó el grito, antes de que ella comenzara su intervención, lanzado primero por una voz femenina y seguido por una porción de los asistentes: "¡Presidenta, presidenta!".

Las palabras del rector Enrique Graue aludieron, sin nombrarla, a la complicada relación, para decirlo con suavidad, de la cúpula universitaria con el gobierno federal (habló, naturalmente, de la autonomía universitaria y de la libertad de cátedra). Pero el rector marcó una línea al referirse a su invitada, pues elogió asuntos como los programas de becas y la gestión de la pandemia, "Un estupendo trabajo", dijo.

Cerró Graue con calidez hacia su invitada: "Ésta es y siempre será tu casa".

En su ambiente natural, la jefa de Gobierno agradeció el recibimiento y cerró con un llamado al compromiso con las grandes causas sociales:

Hoy, como siempre, la relación ciencia y política no sólo es necesaria, también debe ser clara y con un firme compromiso con la mayoría de la sociedad, por eso espero que la participación en esta 9ª Conferencia Latinoamericana y Caribeña de Ciencias Sociales sea con el natural espíritu crítico de las y los científicos sociales, pero también con la perspectiva de contribuir a las diversas alternativas viables para solucionar los graves problemas que genera la pobreza, la falta de Derechos, la ignorancia, el cambio climático, el machismo, el racismo y el clasismo.

2

La primera escuela de política

La amistad con Raúl Álvarez Garín acercó a los Sheinbaum Pardo a la familia de Valentín Campa. "Mi madre fue muy amiga de [María Fernanda] *la Chata* y de Valentina", dice Claudia Sheinbaum, en referencia a las hijas del legendario dirigente del Partido Comunista Mexicano y candidato presidencial —sin registro— en 1976, cuando José López Portillo arrasó en una elección sin contrincante, pues el Partido Acción Nacional, entonces "oposición leal" a la hegemonía priista, decidió no presentar aspirante.

Desde niña, Claudia estuvo inmersa en el mundo de la izquierda. Creció entre mujeres fuertes y preparadas, como su propia madre y la Chata Campa, quien murió en 2019 y fue despedida con inmejorables palabras de Blanche Petrich: "Una ciudadana de a pie, experta en los laberintos del Metro y los peseros. Prominente geóloga de talla internacional, defensora de los derechos humanos, abuela, madrugadora".

"Cuando Álvarez Garín salió de la cárcel —dice—, íbamos mucho a su casa, convivíamos mucho". Y agrega: "Crecimos cerca de Ireri, que era hija de Valentina y Luis de la Peña". Con el plural se refiere a ella y sus hermanos, Julio, el mayor, y la menor, Adriana, nacida en 1967.

Con Julio —ahora investigador en un centro de Ensenada, Baja California—, Claudia compartió militancia política juvenil; de él proviene —según una nota biográfica preparada por Rodrigo Imaz, hijo de Claudia— "el interés por la Física".

El movimiento de 1968 estaba fresco, y el miedo también. Claudia hurga en las estampas de su niñez. Recuerda, por ejemplo, que le llamaba mucho la atención que algunas piezas de la biblioteca familiar estuvieran ocultas: "Decía, ah, mira qué chistoso, hay libros en el clóset", porque ahí era donde sus padres guardaban, entre otras, una edición de *El capital* de Karl Marx. "No nos fueran a denunciar, yo creo".

También se recuerda preguntando a sus padres por qué Raúl estaba en la cárcel.

—¿Y qué te respondían?

—Nos decían tal cual: "El gobierno no quiere que los estudiantes participen, no quiere libertades".

Que "aflore el deseo de saber"

Hacia los años sesenta del siglo pasado, un grupo de profesores de escuela pública trataron de introducir el método Freinet y los echaron. Decidieron entonces fundar una escuela privada y solicitaron a la Secretaría de Educación Pública (SEP) la autorización para que llevara el nombre de Rafael Ramírez (el célebre "adalid de la educación rural" del mundo normalista). La SEP rechazó la petición porque ya existían varias escuelas con ese nombre y entonces José de Tapia —quien fundó la escuela con su esposa Graciela *Chela* González— propuso el nombre con el que se conoce hasta ahora a la institución privada: el del pedagogo español Manuel Bartolomé Cossío.

"Mi madre nos metió ahí porque María Elena Peniche, una profesora normalista, trabajó junto con el maestro Pepe y la maestra Chela", cuenta Claudia.

En una entrevista que concedió en 2009 a la periodista Mónica Mateos-Vega, la maestra Chela resumió los afanes de la pequeña escuela que fundó con su esposo: "Aquí lo fundamental es ser creativo. Los programas oficiales siempre se cumplen, y en exceso, por los niños, pero además hacemos que en ellos aflore el deseo de saber. Hay un respeto fundamental a la personalidad de los niños, más que a lo que dice el programa".

En un libro que editaron para conmemorar los 50 años de la Bartolomé, la maestra Chela recordó que acuñaron el adjetivo "siemprereños", para referirse a las madres y padres que nunca faltaban a las juntas y otras actividades colectivas. Entre los apellidos que menciona figuran los Sheinbaum.

Al terminar la secundaria, la madre de Claudia fue terminante: sus hijos tenían que ir a escuela pública y tenía que ser la UNAM, sin otra opción.

"Orgullosa de mi madre"

Uno de sus compañeros de la época estudiantil recuerda que Claudia era muy disciplinada, pero no ajena a la convivencia con sus compañeros. "La escuela es la escuela", le repetía su madre, quien también abría las puertas de su casa a los amigos de sus hijos. "No la recuerdo echando desmadre, ni de trago ni de fiesta. Pero toda la banda iba a comer a la casa de Annie." La madre que recibía generosamente a los amigos de sus hijos era Annie Pardo Cemo, profesora emérita de la UNAM en el Departamento de Biología Celular, donde suma 51 años de antigüedad académica.

En octubre de 2002, Claudia publicó un mensaje en sus redes sociales: "Orgullosa de mi madre. Annie Pardo Cemo y otros tres investigadores de la UNAM, entre los científicos más citados a nivel mundial".

Algunos diarios publicaron que Pardo Cemo había sido incluida, con otros tres académicos de la UNAM, en la lista de los "investigadores más citados", según la cuarta versión del "2% List of World's Scientists 2022", de la Universidad de Stanford. En dicha lista aparecieron también Antonio Lazcano Araujo Reyes, especialista en Biología Evolutiva; Juan J. Morrone Lupi, especialista en Sistemática Filogenética; y Adolfo Andrade Cetto, especialista en Etnofarmacología.

Las notas explicaban: "Dicho ranking [...] incluye a más de 180 mil investigadores de los más de 8 millones de científicos considerados activos en todo el mundo" (*La Razón*, 15 de octubre de 2022).

La lista de premios y reconocimientos que ha recibido Annie Pardo a lo largo de su carrera académica es enorme, aunque destacan sus aportes al tratamiento de enfermedades crónico-degenerativas, en particular de la fibrosis pulmonar ideopática.

A mediados de mayo de 2023, se anunció que Annie Pardo recibirá el Premio Nacional de Ciencias 2022, junto al físico Roberto Escudero Derat. En el *Diario Oficial de la Federación* se publicó que dicho reconocimiento se entrega a las personas que han "realizado contribuciones notables" en sus respectivos campos de estudio.

Tras el anuncio, Claudia Sheinbaum divulgó un breve video en el que, además de expresar su orgullo de hija, hizo un breve repaso sobre los aportes y distinciones recibidas por Annie Pardo en su carrera científica de más de cinco décadas (https://www.youtube.com/watch?v=N-cl7Uj6hDIY&t=2s).

El día de hoy se hizo público que es merecedora, a sus 82 años, del Premio Nacional de Ciencia por su investigación en Bioquímica, en enfermedades del pulmón y también en investigación sobre envejecimiento, entre otras cosas.

Ella sigue siendo muy activa en la investigación y en la docencia, y por supuesto, en el amor a su familia.

Sheinbaum nombró las instituciones en las que su madre realizó estancias de investigación y recordó que sus aportaciones "se reflejan en más de 180 publicaciones que han sido citadas más de 25 mil veces".

"Es una mujer que ha abierto brecha a muchísimas científicas, a muchísimas mujeres. Además de su trabajo siempre recibimos, mi hermano, mi hermana, sus seis nietos y sus tres bisnietos todo el amor posible. Es una gran amiga, generosa siempre y muy modesta."

En la pieza recordó que la expulsaron del Politécnico por su participación en el movimiento de 1968. "Tuvo que empezar de nuevo de cero, pero nunca se rindió. En muchos institutos se le minimizó por ser mujer, y más por tener un compromiso social, incluso por participar en movimientos sindicales. Ella salió de abajo con su esfuerzo. Muchas gracias, mamá, por lo que has dado a tu familia y a tu patria".

Carlos Sheinbaum Yoselevitz, padre de Claudia, fue ingeniero químico y pequeño empresario. A finales de abril de 2023, en una reunión con empresarios de León, Guanajuato, Claudia recordó que su padre "trabajó casi toda su vida en una pequeña empresa que hacía aceites para curtir pieles" y que, por tanto, "León era como su segunda casa".

Unos meses antes había recordado así a su padre, fallecido en 2013, en una publicación de Instagram: "De mi papá, ingeniero químico, heredé su pasión por la política, los domingos de Chapultepec y la música de Juan Gabriel. Estaría hoy feliz pues era un aficionado al Atlas. Sigue presente al leer el periódico en la mañana. Feliz día a todos los padres".

Una científica y política "muy niñera"

En una entrevista con Gabriela Warkentin, Claudia recordó que participó en las movilizaciones de la primavera electoral de 1988 mientras estaba embarazada. Un año antes, Claudia se había casado con el también dirigente estudiantil Carlos Imaz Gispert, de quien se separó en 2016.

—¿Cuántos hijos tienes? —preguntó la periodista.

—Tengo dos. Mi hijo mayor no es hijo biológico mío, pero es mi hijo, es hijo del primer matrimonio de mi exmarido, él es artista. Y mi hija Mariana es filósofa.

En una entrevista videograbada, que su equipo amablemente compartió, Claudia dice que ella estableció "de inmediato una conexión muy grande con Rodrigo. Para mí siempre fue mi hijo. Mariana y Rodrigo son formalmente medios hermanos, como se dice, pero son hermano y hermana, así crecieron y son muy cercanos, lo cual me da mucho gusto".

A finales de octubre de 2022, en una casona del rumbo de Coyoacán, Claudia ofreció una entrevista videograbada que se vio interrumpida por la llegada de un joven alto, con coleta. Al mirarlo aparecer, la jefa de Gobierno dio un salto y se fundió en un abrazo. Se dijeron unas palabras al oído y luego ella no pudo evitar compartir su alegría: "Va a ser papá, ¡voy a ser abuela!".

En la pieza videograbada, Rodrigo cuenta que comunicó a su hermana la buena nueva, "pero no le dije a Claudia".

—Como buena mamá, ella intuyó que algo pasaba. Entonces fue con mi hermana una tarde, de sorpresa, y básicamente le sacó la sopa. O sea, "¿qué está pasando con tu hermano?", preocupada de que fuera algo delicado. "¿Se va a casar tu hermano?" [Y Mariana] le dijo "No, va a tener un hijo". [Claudia] se puso a correr por el departamento y luego bailó.

En varias entrevistas Claudia ha dicho que es "muy niñera". "Adoro a los niños y a las niñas. Yo digo que si no hubiera sido ingeniera, probablemente hubiera sido maestra de un jardín de niños, porque realmente adoro a los niños."

Rodrigo Imaz Alarcón es artista plástico y documentalista. Estudió artes visuales en la UNAM, una maestría en Práctica Artística en Valencia, España, y en el Centro Universitario de Estudios Cinematográficos también en la Universidad Nacional. Ha desarrollado su carrera gracias a distintos programas de becas, como el de la Fundación Jumex y el del Fondo Nacional para la Cultura y las Artes.

* * *

Un conocido refrán chileno dice que la manzana no cae muy lejos del árbol. Hija y nieta de científicas, Mariana Imaz Sheinbaum, joven de 35 años edad, como su madre y su abuela también optó por la academia, pero del lado de las humanidades. Estudió Historia, hizo una maestría en Literatura en la Universidad de Barcelona y un doctorado en Filosofía en la Universidad de California en Santa Cruz.

En 2021, ya en el marco de la sucesión adelantada, la joven Imaz Sheinbaum fue blanco de una campaña de ataques montada en el "hallazgo" de que había recibido becas para estudios en el extranjero.

No importó que, al igual que muchos otros estudiantes, hubiese obtenido los apoyos por sus propios méritos y en observancia de todos los requisitos académicos. Tampoco que los apoyos hubiesen comenzado en el sexenio de Enrique Peña Nieto, cuando su madre era una tenaz opositora. Fue acusada falsamente, en los tribunales mediáticos, de gozar de una beca millonaria por ser hija de la entonces jefa de Gobierno.

Calumnia que algo queda, como dice la vieja fórmula. Aunque no existía ninguna irregularidad muchos medios se hicieron eco de la ruda campaña y otros optaron por presentar el asunto como "polémico".

El tema llegó a la conferencia de prensa de la jefa de Gobierno: "Me siento muy orgullosa de mi hija", dijo Sheinbaum, y agregó que Mariana ya había concluido el doctorado en la Universidad de California en Santa Cruz. "Es una joven que pudo acceder al doctorado y tuvo una beca del Conacyt desde 2016, ahí cuando me espiaba Peña Nieto con Pegasus, más o menos por esa época, o sea que no hay ninguna influencia ni mucho menos."

El "sentido de protección"

Luego de la escena donde celebra que será abuela, en la siguiente entrevista, traje a cuento palabras de Ada Colau, la alcaldesa de Barcelona, quien a partir de su propia experiencia dice que "la maternidad te conecta con la vida, con el día a día. Y la política tiene que ver con la vida y con la necesidad colectiva".

—¿La maternidad te cambió la manera de ver la vida, incluida la política?

—Cambia tu perspectiva de vida porque hay personas que dependen de ti. Un recién nacido depende prácticamente el 100% del tiempo de estar pegado a su madre. Si no tiene una madre, alguien que lo cuide…

—¿Empiezas a darle más importancia al futuro, como dice Colau?

—Creo que más bien a colocarte en la sociedad no solamente como individuo, sino también en función de las personas que están a tu alrededor. La familia es eso, y los hijos, pues más. Y creo que cuando esta pregunta si las mujeres gobernamos distinto a los hombres, sí, gobernamos con ojos de mujer, pero, pues claro que también hay mujeres corruptas, muy conservadoras…

—El ejemplo clásico es Margaret Thatcher.

—U otras mujeres mexicanas, por las que obviamente jamás votaría, aunque sean mujeres. Sí hay un sentido de protección que es parte de tu vida en el momento en que eres madre. Y eso lo llevas a muchas esferas, por lo menos es mi caso. Entonces siento como cierta responsabilidad de protección —ríe— a todos los habitantes de la ciudad.

—Las políticas de cuidados…

—Sí, pero más allá de eso, en toda la responsabilidad cuando tienes un cargo público.

El 2 de mayo de 2023, Claudia confirmó en redes sociales, en un mensaje lleno de graciosos emoticones: "¡¡Ya soy abuela!! Estoy feliz, lloro de felicidad. Gracias Rodris y Sofi. Bienvenido querido y amado Pablo".

"¡Cásate conmigo, Claudia!"

Mientras transcribo una de las entrevistas con Claudia, escucho varias veces la voz de Jesús María Tarriba Unger, muy grave con "acento sinaloense". Jesús estaba a su lado, muy cerca, e intervino algunas veces, siempre para agregar algún dato, una referencia, a las respuestas de Claudia.

La relación comenzó en 2017, luego de que Jesús y Claudia, quienes sostuvieron un noviazgo en su juventud universitaria, se reencontraron en una red social 32 años después, según ella misma ha contado.

Una de las primeras veces que se les vio en público fue en la conmemoración del Día de la Independencia, el 15 de septiembre de 2021, en uno de los balcones del Palacio Nacional.

Meses atrás, un amigo sinaloense me contó que los Tarriba son una familia muy conocida en Sinaloa, de los ricos empresarios de la agroindustria, pero que Jesús no pertenece a la rama adinerada de la familia.

La sucesión adelantada y la necesidad de "posicionarse" en las encuestas llevó a Claudia Sheinbaum a elegir a la conductora Martha Debayle para hacer el anuncio de su compromiso matrimonial con Jesús María.

Dueño de una larga carrera profesional, y de trabajar en España, el doctor en Física Jesús Tarriba se ha desempeñado como especialista en modelos de riesgo financiero, primero en el Banco Santander y ahora en el Banco de México.

Tras la entrevista con Debayle, en un evento sobre prevención de violencia contra las mujeres, realizado en Xochimilco, le preguntaron a Claudia detalles de la boda: "Mira, a la edad que tenemos… en realidad fue decisión mutua y estamos muy contentos y va a ser algo muy íntimo", fue su respuesta.

Desde entonces, el compromiso matrimonial de la jefa de Gobierno fue motivo tanto de notas periodísticas como de escenas graciosas en sus eventos públicos.

El sábado 1 de abril de 2023 Claudia saludó a los asistentes a una de sus conferencias, y apenas tomó la palabra se escuchó un grito masculino:

—¡Cásate conmigo, Claudia!

—Ya estoy comprometida, lo siento —respondió, y causó risas y exclamaciones festivas entre los asistentes.

En una visita a Mazatlán, donde impartió una conferencia sobre las políticas públicas emprendidas en la Ciudad de México, el gobernador de Sinaloa, Rubén Rocha, no desaprovechó la oportunidad de recurrir al regionalismo.

"Jesús va a hacer sinaloense a Claudia", dijo al micrófono y terminó logrando que el aludido subiera al templete.

"Lo que no les dije es que mi corazón está aquí en Mazatlán, Sinaloa", cerró Claudia.

"No puedo ni quiero negar mi historia"

El 12 de enero de 2009, los diarios del mundo informaban sobre las protestas contra la operación Plomo Endurecido, que el ejército de Israel arrancó el 27 diciembre de 2008 y concluyó el 18 de enero de 2009, con la muerte de mil 400 palestinos, muchos de ellos civiles.

La Jornada publicó una foto de la protesta realizada en Madrid con el siguiente encabezado: "Protestan miles contra la matanza en Palestina". En el pie de foto se informaba que manifestaciones similares tuvieron lugar en Austria, Grecia, Italia, Indonesia, Hong Kong y Pakistán.

Al dar la vuelta a la página los lectores encontraron una carta enviada por Claudia Sheinbaum, quien entonces formaba parte del gabinete "legítimo" de Andrés Manuel López Obrador en el Distrito Federal.

En la misiva Claudia empezaba hablando de sus abuelos y del orgullo por sus orígenes: "No puedo ni quiero negar mi historia. Hacerlo sería, como dice León Gieco, negar el alma de la vida".

Éste es el texto de la carta:

Salvar al mundo que hoy se llama Gaza

Provengo de familia judía y estoy orgullosa de mis abuelos y de mis padres. Mi abuela paterna, exiliada de Lituania por razones económicas y raciales, llegó a México con parte de su familia en la segunda década del siglo xx. Mi abuelo paterno llegó a México por la misma época, también exiliado de Lituania, por razones políticas y raciales: era judío y comunista.

Mis abuelos maternos llegaron a México huyendo de la persecución nazi. Se salvaron de milagro. Muchos de mis familiares de esa generación fueron exterminados en los campos de concentración. Ambas familias decidieron hacer de México su patria. Fui educada como mexicana. Amando su historia y su pueblo. Soy mexicana y por eso lucho por mi patria. No puedo ni quiero negar mi historia; hacerlo sería, como dice León Gieco, negar el alma de la vida. Pero también soy ciudadana del mundo, por mi historia y porque así pienso que debe ser.

Me refiero, por supuesto, a hombres y mujeres libertarios, humanistas, no racistas, que luchan por la paz... "Imagina", como compuso John Lennon. Por ello, por mi origen judío, por mi amor a México y por sentirme ciudadana del mundo, comparto con millones el deseo de justicia, igualdad, fraternidad y paz, y por tanto, sólo puedo ver con horror las imágenes de los bombardeos del Estado israelí en Gaza... Ninguna razón justifica el asesinato de civiles palestinos... Nada, nada, nada, puede justificar el asesinato de un niño. Por ello me uno al grito de millones en el mundo que piden el alto al fuego y el retiro inmediato de las tropas israelíes del territorio palestino. Como dijo Alberto Szpunberg, poeta argentino, en una carta reciente: "De eso se trata: de salvar un mundo, este único y angustiado mundo que habitamos todos, que a todos pertenece y que hoy se llama Gaza".

Claudia Sheinbaum Pardo

"Es muy bonita esa carta", dice, al recordarla.

La referencia a esa publicación lleva a Claudia a hablar de sus ancestros. Aporta otros datos sobre su abuelo paterno, que llegó de Lituania y fue por algún tiempo a Cuba, de donde fue expulsado, y de un tío, hermano de su abuelo, que participó en el movimiento ferrocarrilero de los cincuenta.

En diversas declaraciones, Sheinbaum ha hablado del "orgullo" de sus orígenes. Explica:

¿Cómo no vas a estar orgullosa? De mis abuelos, pues claro que sí, eran gente trabajadora, luchona.

Con mis abuelos íbamos, sí, a las fiestas, al Yom Kippur, pero era más bien la comida de esas fechas, algo más cultural que religioso. Mis abuelos maternos eran judíos sefarditas, entonces la comida ahí era muy parecida a la comida árabe, en muchos sentidos.

Le cuento que a principios de los noventa entrevisté a un académico de la UNAM contra el cual habían hecho pintas, en Ciudad Universitaria, con leyendas como "fuera, judío", en medio de un conflicto laboral. Y ella dice que, en lo personal, nunca padeció expresiones de racismo. "Mi madre y mi padre nos criaron amando a México y su historia, a la tierra donde ellos y nosotros, sus hijos, nacimos".

Cuenta, en esa línea, que su madre gustaba de los huipiles. "Recorrimos el país desde muy chicos. Conocimos muchísimos pueblos de Oaxaca, Guerrero y Chiapas porque mi mamá iba buscando textiles mexicanos. Mis papás siempre fueron así, de la idea de que nosotros somos mexicanos y queremos la tierra donde nacimos." En su infancia, rememora, "visitamos prácticamente todos los sitios arqueológicos de México y tomamos cursos de verano en el Museo de Antropología e Historia".

Tres años después de la publicación de la carta antes citada, frente a un nuevo episodio en el conflicto israelí-palestino, Sheinbaum refrendó, en sus redes sociales, sus palabras de entonces. "Sigo pensando lo mismo."

3

Una mujer que sepa y esté con nosotros

—¿Listo para la crucifixión?

—Éste no es un partido católico, va a ser un linchamiento —dijo José Barberán y soltó la carcajada.

Eran los primeros días de abril de 1999 y Andrés Manuel López Obrador preparaba su despedida como presidente nacional del Partido de la Revolución Democrática (PRD), con un saldo que lo catapultaría, unos meses más tarde, a la candidatura perredista al gobierno del Distrito Federal. "Logramos avances extraordinarios. Ahí están los resultados. Los triunfos obtenidos le han dado al PRD la dimensión jamás alcanzada por un partido de izquierda", dijo en su discurso ante el Consejo Nacional.

Bajo la presidencia de López Obrador, en efecto, el PRD había dado un salto que se tradujo en cuatro entidades ganadas y el segundo sitio en la Cámara de Diputados. Pero había un elefante en el auditorio: la anulación del proceso interno para reemplazar el liderazgo del tabasqueño.

Las campañas de los dos candidatos principales, Amalia García y Jesús Ortega, para decirlo rápido, se habían hecho fraude electoral una a la otra y la elección había sido declarada inválida. La figura clave en la anulación de los comicios internos fue José Barberán, quien participaba en la cúpula perredista desde la creación del partido y se había convertido en uno de los principales consejeros de López Obrador y, se decía entonces, en su "hombre de los números".

Físico, igual que Claudia Sheinbaum, militante de Punto Crítico como ella, Barberán fue también pionero de la computación en México. Su colaboración con Cuauhtémoc Cárdenas se tradujo en el libro *Radiografía del fraude: análisis de los datos oficiales del 6 de julio* (en el que también participaron Jorge Zavala y Adriana López Monjardín, esposa de Barberán). Con López Obrador en la presidencia del partido se hizo cargo del Servicio Electoral, responsable de conducir el proceso interno para renovar la dirección nacional.

En su discurso de despedida —había anunciado que se iría a recorrer mil pueblos de Tabasco, aunque volvería unos meses después—, López Obrador defendió a los integrantes de las comisiones encargadas de organizar y vigilar el proceso: "Han tenido la arrogancia de sentirse libres y han sabido poner por encima de intereses personales y de grupos el interés general del partido". La salida a la crisis fue una presidencia interina —que recayó en

Pablo Gómez— y la reposición del proceso interno que dio paso a la presidencia de Amalia García Medina.

Sheinbaum ha dicho una y otra vez que conoció a López Obrador cuando ella era sólo una "militante de base" del PRD. Y lo era, pero una militante de base que veía los acontecimientos desde la primera fila, porque fue en su casa donde se celebraron al menos tres reuniones, en 1999, en las que se discutió la candidatura de López Obrador a la jefatura de Gobierno del entonces Distrito Federal.

Tras la victoria de 2000 —un resultado apretado frente al panista Santiago Creel— López Obrador barajó las opciones para su gabinete. En una reunión pidió que le dieran nombres para la cartera de Medio Ambiente: nombres de mujeres conocedoras del tema y que estuviesen en sintonía política, pidió.

Fue José Barberán quien sugirió a Claudia Sheinbaum y él mismo se encargó de buscarla. Así llegó al gabinete de López Obrador.

Claudia recuerda haber recibido una llamada de Barberán: "Dice López Obrador que si quieres ser secretaria de Medio Ambiente… ¿Cómo ves? Porque si dices que sí, ya te va a hablar él".

Y así fue.

—Lo vi en el Sanborns de San Ángel y ahí me dijo: "¿Cómo ves la Secretaría de Medio Ambiente? Yo lo que quiero es que disminuya la contaminación de la ciudad.

¿Sabes cómo hacer eso?". Le dije: "Pues creo que sí, con un equipo". Y ya. A partir de entonces fue que me incorpora al gobierno. Y de ahí establecimos una relación, yo creo que de mucha confianza y trabajo.

"Anclarse en la izquierda"

Más allá de sus conocimientos matemáticos, Barberán fue esencial en la definición del discurso político de López Obrador. Fue en la mesa donde Barberán era pieza clave que se definió "trascender la narrativa que ubicaba al PRI como guardián de las instituciones y al PAN como el promotor del cambio democrático", como ha escrito el periodista Alberto Aguirre. "La izquierda partidista —reflejaban los estudios conducidos por Barberán— debía diferenciarse de esas propuestas y proponer un cambio radical, con un enfoque en la purificación de la vida pública, en la transformación de las instituciones."

Pepe Barberán, como lo llamaban en el PRD, fue también clave en una decisión política que acompaña hasta la actualidad a López Obrador: el uso de las encuestas para trazar su estrategia electoral. En 2000, López Obrador decidió contender tras lograr los amarres necesarios —no sin resistencias de algunas figuras perredistas que habían anhelado la candidatura—. Barberán tuvo un papel determinante en la definición de una estrategia cuyos ecos resuenan hasta la actualidad: uno de los puntos clave fue "anclarse en la izquierda".

Desde ese equipo la estrategia de Cuauhtémoc Cárdenas, que contendía por tercera vez por la presidencia de la República, era vista como equivocada. Se juzgaba, por ejemplo, que la campaña de Vicente Fox le había arrebatado la idea del cambio y se había apropiado del discurso y los símbolos que antes correspondieron a la izquierda.

Barberán siguió colaborando con López Obrador hasta su muerte, en 2002.

"Un hombre que se ha ganado el corazón del pueblo de México"

Faltaban unos días para un triunfo electoral largamente acariciado y la victoria estaba a la vista. El miércoles 27 de junio de 2018, escribí para *La Jornada*:

> Fueron el Estadio Azteca repleto, la proximidad de las urnas o el sabor a victoria que proporcionan las encuestas o las banderas rendidas de sus adversarios. O fue una mezcla de todo. El caso es que las lágrimas asomaron en los ojos de Claudia Sheinbaum y de Andrés Manuel López Obrador.
>
> A la candidata a jefa de Gobierno correspondió presentar al candidato tras una larga tarde en que decenas de miles cantaron, bailaron y gritaron consignas. "Sólo en los

clásicos vemos este lleno", diría un guardia de seguridad en la puerta del recinto (el portazo de los que no alcanzaron lugar fue la confirmación del dicho).

"Sheinbaum presentó a 'un hombre que se ha ganado el corazón del pueblo de México', en nombre de los candidatos a gobernadores, todos en el templete al igual que la familia del aspirante presidencial y los dirigentes de los tres partidos coligados".

Claudia y la presidenta

Las dos militaron en organizaciones de la izquierda ajena a partidos. Ambas fueron, desde niñas, estudiantes brillantes y más tarde profesionales solventes. Las dos crecieron políticamente al lado de figuras avasalladoras. Ambas tuvieron una participación destacada en luchas estudiantiles y sus capacidades profesionales les ayudaron a llegar a las grandes ligas de la política. Las dos tuvieron antecedentes familiares relacionados con la persecución política.

Dilma Rousseff tuvo a su padre, el comunista búlgaro Pétar Rusév, quien cambió su nombre a Rousseff pues el original resultaba impronunciable en portugués. Claudia Sheinbaum a su abuelo paterno, judío y comunista.

Dilma Rousseff ganó la presidencia de Brasil en 2010 y consiguió ser reelegida en 2014. Un congreso lleno de indiciados la llevó a juicio político (*impeachment*) y la destituyó en 2016 en un proceso lleno de irregularidades. Actualmente, tras una nueva victoria de Luis Inácio Lula da Silva, encabeza el banco de desarrollo multilateral de los BRICS (Brasil, Rusia, India, China y Sudáfrica).

Claudia Sheinbaum fue secretaria de Medio Ambiente de una de las ciudades más grandes del mundo, la que hoy gobierna. En la gestión capitalina de 2000-2006 su jefe la puso al frente de uno de sus proyectos insignia, los segundos pisos. Es, desde el arranque de una ruta sucesoria peculiar, la puntera en las encuestas.

Dilma y Claudia se conocieron en 2021, cuando la primera fue invitada de honor a las celebraciones por el 700 aniversario de la fundación de Tenochtitlan.

Rousseff se vio obligada a abandonar el palacio de Planalto tras un juicio político con visos de *lawfare*, como se suele decir en estos tiempos, una causa desechada por la justicia brasileña en 2022. Mientras ella salía de la sede presidencial su sucesor, Michel Temer, presentaba el nuevo gabinete: 23 personas, todos blancos, todos hombres. Por esos días una revista del corazón de Brasil elogió a la esposa de Temer por ser "joven, reservada y doméstica".

Quizá por ello fue inevitable que durante su visita a México la expresidenta de Brasil dijera que "todas las mujeres que se dedican a la política saben que enfrentamos no sólo el reto de la política pública en escenarios de enormes desigualdades, de injusticia social, sino también un machismo que destruye los cimientos de nuestra democracia".

Ese día, 13 de mayo de 2021, el presidente Andrés Manuel López Obrador y la jefa de Gobierno acompañaron a Rousseff en un recorrido por el Templo Mayor. Luego Claudia Sheinbaum se dirigió a su invitada: "A nosotros como a usted, Dilma, no nos vencen la mentira ni la calumnia; nos anima un anhelo que es el anhelo del pueblo de México y de los pueblos de la Patria Grande, de la América Latina, una patria justa y solidaria. Bienvenida, Dilma Rousseff, huésped distinguida de la Ciudad de México".

Roussef hizo lo suyo en el intercambio de elogios: "Un reconocimiento por tu excelente gestión y desempeño, y también un reconocimiento a tantas mujeres que, como tú, hacen de la política un ejercicio de dignidad, de lucha por la ciudad, por la ética y por el compromiso público".

Lejos del protocolo Sheinbaum enfrentaba entonces una dura campaña por el derrumbe de la Línea 12 del Metro y estaba a la vuelta de la esquina la elección intermedia. En ese escenario, como ha hecho en varias ocasiones, el presidente López Obrador ofrecía respaldo absoluto a la jefa de Gobierno: "Aquí […] gobierna una mujer excepcional, trabajadora, honesta, inteligente y de profundas convicciones humanitarias".

Muy joven, Dilma Rousseff participó en un grupo que enfrentó a la dictadura militar con las armas, lo que le costaría tortura y cárcel. La Organización Revolucionaria Marxista Política Obrera (que en Brasil se recuerda como POLOP) era un grupo "menor, pero de mucha influencia intelectual", según escribió Flavio Koutzii, pues en sus filas de estuvieron intelectuales como Emir Sader, Ruy Mauro Marini y Theotônio dos Santos.

Lula no conocía a Dilma Rousseff cuando llegó a la presidencia de Brasil en su cuarto intento (2003), pero muchos en su entorno le hablaron de una funcionaria eficaz de Porto Alegre, una técnica solvente, y Lula la invitó a integrarse a un gobierno en el que jugaría un papel clave, a cargo de algunos de los proyectos más importantes de la presidencia.

Formada como economista *cepalina*, Dilma había tenido experiencia como funcionaria de gobiernos estatales, primero del Partido Democrático Laborista (PDT), fundado por Leonel Brizola, y luego con el Partido de los Trabajadores (PT)en Rio Grande do Sul. "A Lula le agradó mucho su capacidad de trabajo y la hizo ministra de Energía. De ahí salió para ser jefa de la Casa Civil (jefatura del gabinete presidencial)", me contó en 2010, en la víspera de la primera victoria electoral de Dilma, Raúl Pont, alcalde de Porto Alegre cuando se realizó el Foro Social Mundial y compañero de Dilma en las filas de la POLOP.

En su segundo mandato, Lula encargó a Dilma una de las acciones emblemáticas de su gobierno y desde entonces la llamó *La Madre del* PAC (Programa de Aceleración del Crecimiento), y luego la propuso como candidata del PT para sucederlo. Con el peso de Lula, Dilma fue electa por aclamación en la convención del partido.

Dilma Rousseff —la primera mujer en ser presidenta de Brasil— fue electa en octubre de 2010 y reelecta en 2014. Como es sabido, fue destituida mediante un proceso ilegal dos años después, en un acto que ella y su partido calificaron como "golpe de Estado".

—"Llego para proteger a los débiles, honrar a las mujeres y gobernar para todos". ¿Suscribirías esta frase que Dilma pronunció al asumir la presidencia?

—Sí, la suscribiría —dice Claudia Sheinbaum.

—Fue un discurso en el que habló de cómo las mujeres en la política tienen que ser duras, al mismo tiempo que tienen corazón, una sensibilidad mayor.

—Las mujeres en la política tendríamos que convertirnos en hombres hasta que llegáramos al poder —dice, carcajada de por medio, Claudia Sheinbaum. Y se pone seria enseguida—: ¡Nada que ver! Lo que sí es cierto es que es más difícil para las mujeres.

—Hay muchas líneas paralelas entre Dilma Rousseff y tú.

—Espero que no en el desenlace —respondió Claudia Sheinbaum, con la risa de quien toma a broma un asunto muy serio.

A diferencia de México, en Brasil el presidente en funciones puede hacer campaña electoral de manera abierta, sea en busca de la reelección o, como ocurrió en 2010, a favor de otro aspirante. Los actos de campaña más relevantes de Dilma contaron con la presencia de Lula, un presidente que concluyó su segundo periodo con una aprobación superior (87%) a la de Nelson Mandela.

Una división en las filas del lulismo —la ambientalista Marina Silva se despachó 20 millones de votos— impidió que Dilma ganara en la primera vuelta. Lula reforzó su participación en la campaña de Dilma y en el primer mitin rumbo a la segunda vuelta preguntó a los asistentes: "¿Por qué diablos ese Lula, con tantos hombres a su alrededor, tantos hombres cerca de él la vida entera, fue a escoger a una mujer para ser presidente de la República? Yo podría haber escogido un diputado, un senador, un gobernador. ¿Por qué fui a escoger a Dilma? Hoy estoy convencido de que mi decisión fue correcta".

Luego de su triunfo electoral en la segunda vuelta Dilma fue interrogada insistentemente sobre el papel que desempeñaría el "tornero mecánico" en adelante: "Un líder como Lula nunca estará lejos de su pueblo. Tocaré mucho a su puerta y tengo la certeza de que la encontraré siempre abierta".

Cuando López Obrador dejó la presidencia del PRD anunció que regresaba a Tabasco, donde recorrería "mil pueblos". No pudo hacerlo porque lo fueron a buscar para que aceptara la candidatura al gobierno del Distrito Federal.

—¿Te imaginas que en 2025 lo vayan a buscar para decirle "lo necesitamos"? A mí me cuesta trabajo verlo retirado.

—A mí también, yo creo que a todos. Son tantos años de tener una referencia con López Obrador… Pero entiendo lo que dice: él es profundamente consecuente con lo que piensa: este tema de las corcholatas, tú dirías por qué no escogió a uno, como otros presidentes. No, porque él no cree en el tapadismo. El planteamiento de que se va a retirar tiene que ver que él no quiere que se piense que va a estar ahí, siendo una figura tan fuerte, pues, atrás del siguiente presidente o presidenta…

—Suelen hablar de "maximato" sobre todo cuando se habla de tu posible candidatura.

—Claro, también hay mucha misoginia ahí. A ver, ¿una mujer no puede y debe tener atrás a un hombre que le diga cómo hacer las cosas?

4

El cargo y los encargos

El 5 de diciembre de 2000, Andrés Manuel López Obrador asumió la jefatura del Gobierno del Distrito Federal. Lo acompañaron las personas integrantes de su gabinete, entre ellas Alejandro Encinas, José Agustín Ortiz Pinchetti, Carlos Urzúa, Laura Itzel Castillo, César Buenrostro, Octavio Romero, Enrique Semo, Bertha Luján y Claudia Sheinbaum.

—¿Cuál fue el momento en que dijiste "es con López Obrador"?

—Cuando llega a la jefatura de Gobierno. Fue un momento muy especial. Había ocurrido la derrota electoral del ingeniero Cuauhtémoc Cárdenas y el triunfo de la derecha con Vicente Fox. Entonces López Obrador se vuelve un gran referente. Yo no lo conocía personalmente.

—Te había buscado a través de José Barberán.

—Sí. Yo era militante de base del PRD, nunca participé en la estructura. Me dedicaba a los hijos y a la academia.

Sí participaba, iba a eventos y así. Y escribía en *La Jornada* sobre temas energéticos.

"Cuando me invita lo empiezo a conocer. Es un hombre extraordinario en muchos sentidos. Cuando puso la pensión de adultos mayores en la ciudad, por ejemplo, había gente incluso nuestra, cercana, que decía: 'Qué es eso, en qué se va a gastar el dinero'.

"Y después vas construyendo, vas caminando con su pensamiento, con la idea de la austeridad republicana, por ejemplo, un pensamiento juarista que él pone en práctica. Y también está su capacidad de trabajo y su forma de organización.

—El trabajo por gabinetes.

—Por temas, por obras. A mí me tocaron tareas como secretaria de Medio Ambiente. Después me tocó lo del segundo piso, me pidió que le ayudara en la construcción. Para mí, aparte de cumplir, siempre fue "a ver, no puedo quedar mal, no podemos fallar porque este es un proyecto de transformación". Es López Obrador vinculado con esa tarea, obviamente, pero es un proyecto de transformación.

Sheinbaum llegó con una hoja de vida que daba cuenta de una trayectoria esforzada y brillante. Además de su formación académica, había adquirido experiencia como asesora en la Gerencia de Estudios Económicos de la Comisión Federal de Electricidad y en la Comisión Nacional para el Ahorro de Energía; además de consultora del Banco Mundial y del Programa de las Naciones Unidas para el Desarrollo.

Las credenciales de Sheinbaum para el cargo también incluían sus grados académicos: licenciada en Física por la Facultad de Ciencias de la UNAM; maestra y doctora en Ingeniería en Energía por la Facultad de Ingeniería de la misma institución. Había realizado además una estancia académica de cuatro años en Lawrence Berkeley National Laboratory, de la Universidad de California.

Con ese perfil, desde la Secretaría de Medio Ambiente abordó la atención a problemáticas relativas al suelo de conservación, agronomía y cultivos en las demarcaciones con áreas rurales, monitoreo de partículas contaminantes en el aire capitalino, proyectos de agua para tratar de resolver la añeja paradoja inundación-falta de dotación de agua suficiente, impulsó normas ambientales a las que debían ceñirse empresarios e industriales capitalinos, y emprendió proyectos de investigación y conservación botánica y zoológica de la ciudad.

Sin embargo, es sabido que con López Obrador pesan más los encargos que los cargos, y el suyo fue la construcción del segundo piso del Periférico.

Sheinbaum se dio a la tarea, bajo la perspectiva de controlar y mitigar la contaminación ambiental, de coordinar obras de infraestructura de transporte urbano como las ciclovías, la primera línea del Metrobús y una central de cómputo para controlar los verificentros.

Durante ese periodo ejecutó programas que implicaron robustas cifras de presupuesto público y que estaban entre las prioridades del jefe de Gobierno. Por esa razón en algunos medios se le nombró la "súper secretaria".

De Indios Verdes a San Ángel

Sheinbaum recuerda que en una reunión de gabinete López Obrador comunicó la decisión de construir el segundo piso.

—Yo levanté la mano y dije: "Bueno, ya está tomada la decisión, pues hay que hacerlo científicamente". Había que hacer un modelo, no sólo en términos estructurales, que finalmente ahí los ingenieros [David] Serur y [José María] Riobóo pues tenían el conocimiento, sino a mí lo que me apuraba era el trazo, dónde iban a estar las bajadas, dónde las subidas, si eso iba a impactar en el tráfico; el tema ambiental.

Sheinbaum supone que a partir de esa intervención fue que López Obrador decidió involucrarla en el proyecto.

—Me llamó un día y me dijo: "Vamos a hacer un área especial para el segundo piso y quisiera que la coordinaras". Yo dije: "Bueno, pero quiero seguir siendo secretaria de Medio Ambiente". La respuesta fue: "Pues puedes con las dos tareas". Él es un hombre muy trabajador y razonablemente pide que todos los que trabajamos con él seamos así.

Bajo la máxima de "orden dada no supervisada, no sirve para nada" se estableció una dinámica en la que el jefe de Gobierno pasaba por las noches a revisar los avances de la obra. Luego de las explicaciones, López Obrador solía decir: "Ah, muy bien. Paso a las 05:00 de la mañana".

* * *

La inauguración del segundo piso del Periférico, el domingo 23 de enero de 2005, fue todo un acontecimiento político. López Obrador logró convocar a figuras de los sectores empresarial, religioso, político y de los medios de comunicación, que hicieron un recorrido por la flamante obra a bordo de 10 autobuses.

En esa ocasión, Sheinbaum informó que la construcción del segundo piso amplió en 18 kilómetros de vialidades elevadas la superficie de rodamiento de la capital. "En alrededor de 25 meses hemos construido lo que sería, comparativamente, un segundo piso por toda la avenida Insurgentes, desde Indios Verdes hasta San Ángel, o dos Viaductos, con una inversión total de 3 mil millones de pesos."

Dijo también que la obra beneficiaría directamente a un millón de personas, incrementaría la velocidad de recorrido de 13 a 50 kilómetros por hora, reduciría el tiempo de traslado de una hora a 15 minutos y la emisión de 30 mil toneladas de contaminantes y generaría un ahorro de 7.42 millones de dólares en horas-hombre y combustible.

La obra, cuya idea original databa de 1988, fue retomada por López Obrador y Sheinbaum y no estuvo exenta de críticas, sobre todo de quienes planteaban que significaba seguir privilegiando el transporte privado y no resolver el problema del tránsito vehicular a mediano y largo plazo.

El 30 de septiembre de 2002 se inició la construcción del Distribuidor Vial San Antonio, obra que marcaría el comienzo de los segundos pisos sobre el Periférico. El proyecto tomó tres años y ocho meses, y se dividió en tres etapas: la primera costó 780 millones de pesos; la segunda, en el tramo de San Antonio a San Jerónimo (norte-sur), 2 mil millones de pesos; la tercera, en el tramo Las Flores a San Antonio (sur-norte), costó 790 millones de pesos, más el tramo San Jerónimo a Las Flores (sur-norte) que sumó otros mil 35 millones de pesos, según los datos publicados en el sitio del Fideicomiso para el Mejoramiento de la Vías de Comunicación (Fimevic).

Además de titular de Medio Ambiente, Claudia Sheinbaum fungía como coordinadora técnica del Fimevic, cuyo director general, Rodrigo Rey Morán, anunció que la información relativa a la obra se reservaría durante 10 años.

Ante la presión pública, en febrero de 2005 el mismo funcionario publicó un acuerdo para desclasificar la información, que sólo estuvo bajo reserva siete meses.

A las críticas de los segundos pisos, Sheinbaum Pardo pareció contestar con la construcción de la Línea 1 del Metrobús, como parte de un sistema de corredores de autobuses rápidos que se realizó por primera vez en Curitiba, Brasil. La primera línea fue tendida a lo largo de 30 kilómetros de la avenida Insurgentes, una de las principales vías de la ciudad, para atender la demanda de transporte de 480 mil usuarios diarios. Su primer tramo, de Indios Verdes a Doctor Gálvez, se construyó entre diciembre de 2004 y junio de 2005.

Sheinbaum tuvo que enfrentar resistencias de los concesionarios del transporte público, dado que el Metrobús desplazó a las unidades que hasta entonces circulaban por la importante arteria, además de otras resistencias como las de los ahora comúnmente llamados "cochistas". También implicó acciones de mitigación ambiental que incluyeron la siembra de más de 5 mil árboles y casi 80 mil plantas ornamentales.

El proyecto de Ecobici sería desarrollado en el sexenio siguiente, con Marcelo Ebrard como jefe de Gobierno, aunque puede decirse que fue Sheinbaum quien abrió brecha a este tipo de movilidad en la ciudad capital, al hacer la primera ciclovía en la antigua vía del tren México-Cuernavaca.

En esa línea organizó una "rodada" para conmemorar el Día Nacional de la Bicicleta en 2006, con un recorrido sobre la avenida Insurgentes, del Eje 6 al Parque de la Bombilla, y anunció la apertura del servicio del Metro y el Metrobús al traslado de bicicletas en domingos y días festivos.

Durante su gestión impulsó también la Ley de Aguas del DF, que fue promulgada en mayo de 2003, en busca de "una orientación distinta, con dos prioridades: control y reparación de fugas y recarga del acuífero".

Con esta otra vertiente se abrió camino en temas territoriales: hizo reconocer como áreas de valor ambiental a las zonas verdes urbanas, asignándoles programas de manejo; impulsó labores de conservación de zonas ecológicas, y trabajó en la remodelación de los bosques de Aragón y Chapultepec, así como en reservas ecológicas comunitarias.

Sobre los resultados de esas líneas de trabajo, la entonces secretaria sostuvo: "A pesar del crecimiento, las áreas rurales frenaron la dinámica de expansión urbana".

Sheinbaum Pardo impulsó obras para ampliar la infraestructura de riego en ejidos de Tláhuac y para resolver problemas de drenaje de la zona por medio de convenios entre el gobierno del DF y la Comisión Nacional del Agua. Contempló 957 hectáreas y se benefició a alrededor de mil productores ejidales de Tláhuac y Xochimilco.

Sheinbaum impulsó la creación de una central de cómputo para controlar los verificentros del Distrito Federal, mantuvo la verificación vehicular separada del Estado de México, y aunque reconoció que aún había trampas en el procedimiento, las emisiones vehiculares disminuyeron de 30 a 40% al concluir su gestión.

Una de las voces más críticas de Sheinbaum fue Martha Delgado, quien procedía del mundo de las organizaciones no gubernamentales (ONG) y llegó a diputada por el partido México Posible, que perdió el registro. Delgado fue entonces diputada independiente y desde esa posición fue una crítica sistemática de las políticas ambientales del gobierno de López Obrador. "Desde sus compromisos de campaña nunca esbozó una política ambiental, eso se tradujo en presupuestos bajos y falta de determinación", llegó a decir.

En la comparecencia de Claudia Sheinbaum ante la Asamblea Legislativa, en octubre de 2004, la diputada Delgado dijo que el único compromiso que López Obrador había hecho en la materia había sido nombrar a una persona conocedora de los temas ambientales, y había cumplido.

Fue el preámbulo para la crítica que se pretendía implacable: "Como ciudadana y como ambientalista, como diputada local lamento que en la gestión ambiental de la Ciudad de México no haya claridad de propósitos, determinación y compromiso con la causa del medio ambiente".

En octubre de 2005, Delgado volvería a la carga, también frente a la secretaria de Medio Ambiente: "La política ambiental está sometida a toda clase de presiones, a toda clase de prioridades distintas, intereses económicos, intereses fácticos y mafiosos".

En una de esas vueltas caprichosas que tiene la política, Martha Delgado fue nombrada titular de la Secretaría de Medio Ambiente por Marcelo Ebrard en 2006. Y en otra vuelta de tuerca, en 2018 Ebrard la designó subsecretaria para Asuntos Multilaterales y Derechos Humanos de la Secretaría de Relaciones Exteriores.

Acelerada la disputa por la candidatura de Morena, Delgado renunció a la subsecretaría el 2 de mayo de 2023, en una jugada que fue interpretada, en las columnas políticas, como una manera de meter presión para que los aspirantes a la candidatura se separasen de sus cargos.

El propio Marcelo Ebrard dijo que Delgado le informó: "Yo quiero irme a la promoción abierta y 100% de tus aspiraciones, y ya no estar en la Secretaría".

La renuncia que AMLO no aceptó

La tarde del sábado 16 de septiembre de 2006 cayó un aguacero en la Ciudad de México. Miles de personas, sin embargo, permanecieron en el Zócalo para escuchar los discursos que formalizaron la "resistencia civil pacífica" contra el "usurpador" Felipe Calderón Hinojosa. Ese día, con un mitin, se levantó el célebre plantón de Reforma, que duró 47 días en protesta por el fraude electoral. La multitud, constituida en Convención Nacional Democrática (CND), proclamó "presidente legítimo" a Andrés Manuel López Obrador y se anunció que dos meses más tarde tomaría posesión.

Tras las palabras de apertura —a cargo de la escritora Elena Poniatowska— se anunció la creación de comisiones de la CND y sonaron en el Zócalo los nombres de personajes como Berta Maldonado, Dante Delgado, José Agustín Ortiz Pinchetti, Luis Mandoki, Guadalupe Acosta Naranjo, Layda Sansores, Alfonso Ramírez Cuéllar, Ignacio Marván, Horacio Duarte, Ricardo Monreal y Julio Scherer Ibarra.

Todos fueron aprobados con brazos alzados y aclamaciones. Con una excepción, pues cuando se escuchó el nombre del exdirigente estudiantil Carlos Imaz, una porción del Zócalo se hizo escuchar: "¡Imaz no, Imaz no!". La base obradorista pasaba factura por los videoescándalos, como se conoció a la exhibición en video, y en televisión abierta, de dirigentes del PRD recibiendo dinero del empresario Carlos Ahumada.

En marzo de 2004, Carlos Imaz, entonces esposo de Claudia Sheinbaum y con cinco meses al frente de la delegación Tlalpan, había sido exhibido por Televisa en un video en el que recibía dinero del empresario Carlos Ahumada. Unos días antes, la misma televisora mostró imágenes similares de René Bejarano, quien había sido secretario particular del jefe de Gobierno y se desempeña, en el arranque del escándalo, como coordinador de la mayoría perredista en la Asamblea Legislativa.

Con el paso del tiempo, se supo que, como dijo López Obrador desde un principio, se trató de un "complot" en el que participaron personajes como Carlos Salinas de Gortari y Diego Fernández de Cevallos, con la intención de afectar a su gobierno.

Unos días después del mitin en el Zócalo, Carlos Imaz anunció su separación de la Comisión nacional de resistencia civil pacífica para evitar, según dijo, que su nombre en la lista fuese utilizado contra el movimiento obradorista: "No puedo ser factor de distracción de la energía de nuestro movimiento y menos motivo de cualquier división, por pequeña que sea… Soy uno más junto con millones de personas que piensan que es un honor luchar con López Obrador".

El 2004 había sido un *annus horribilis* para López Obrador y el PRD. Cuando rindió su cuarto informe, el 5 de diciembre de ese año en el Teatro Metropolitan, López Obrador hizo el balance:

Nuestros adversarios vieron la gran oportunidad para destruirnos políticamente con el escándalo de los videos. La intriga era perfecta: era imposible creer que el jefe de Gobierno no supiera o no estuviese involucrado en los hechos relacionados con Gustavo Ponce y René Bejarano.

Pero pudimos sortear estos ataques porque, sencillamente, no somos corruptos y no establecemos relaciones de complicidad. Es más: en todo este escándalo quedó de manifiesto que el jefe de Gobierno jamás aceptó entrar en componendas ni ser rehén de nadie.

El escritor Carlos Monsiváis, quien respaldó a López Obrador hasta su muerte en 2010, fue crítico de la postura asumida por el entonces jefe de Gobierno y su partido frente a los videoescándalos. En una entrevista con Jesús Ramírez Cuevas, ahora vocero presidencial, sostuvo:

Es muy parcial y, por tanto, confusa la argumentación empleada hasta ahora por Andrés Manuel López Obrador y los perredistas, que acusan al gobierno de Fox, a Marta Sahagún y a Carlos Salinas de Gortari de divulgar los videos y de emplear al máximo al inconcebible Carlos Ahumada como instrumento de perversión. Algo o muchísimo de esta índole sucedió, pero lo malo de la explicación es su trazo de la inocencia acosada por la maldad, porque convierte a los corruptos en los Adán y Eva en el Edén, y vuelve a la extrema derecha y a las instituciones de la corrupción en canallas que, para serlo debidamente, nos enteran de una operación infame. Al insistir en esto sin proceder a la autocrítica, los perredistas se apegan a la teoría de la conjura con énfasis mecánico, el propio de priístas, panistas, empresarios y clérigos. Por supuesto que se está ante una operación difamadora, pero el principio de esta maniobra es difamar con la verdad (videograbada).

Un par de días después de la divulgación del video de Carlos Imaz, Claudia Sheinbaum pidió ver al jefe de Gobierno y le presentó su renuncia.

López Obrador le dijo que ella no tenía por qué renunciar y la acogió durante un rato —ella estaba devastada— en uno de los espacios de su oficina.

El peso de los videoescándalos se fue diluyendo con el correr del tiempo, y quizá sobre todo por la operación que, desde la presidencia, inició Vicente Fox, en acuerdo con Carlos Salinas de Gortari para impedir que López Obrador se presentara como candidato en los comicios de 2006.

El desafuero terminó por fortalecer la candidatura de López Obrador y contribuyó al cierre de filas de los perredistas y otras fuerzas.

Claudia Sheinbaum sólo dejó su cargo en la Secretaría de Medio Ambiente para irse a la campaña de López Obrador, en una posición de primera fila.

Tras una reunión en la que Manuel Camacho, Ignacio Marván y otros le presentaron datos que no coincidían, López Obrador la nombró vocera de la campaña.

Después del fraude electoral de 2006, Claudia regresó a sus actividades académicas, pero sin abandonar nunca la acción política al lado de López Obrador. En 2008, por ejemplo, tuvo un papel destacado en la organización de los debates sobre la propuesta de reforma energética de Felipe Calderón, así como en las protestas en las que encabezó al grupo de mujeres conocidas como *las adelitas*.

"A Felipe Calderón le pusimos una de perro bailarín." Así resume Luis Linares Zapata, a la distancia, los debates de 2008.

Actualmente comisionado de la Comisión Reguladora de Energía, Linares Zapata los vivió en primera línea. Fue el encargado, el 15 de julio de 2008, de leer públicamente "Las trece líneas rojas de la reforma petrolera", el documento que resumió las objeciones del Comité de Intelectuales en Defensa del Petróleo, en el que figuraban nombres como Rolando Cordera, Arnaldo Córdova, Bolívar Echeverría, Víctor Flores Olea, Luis Javier Garrido, Margo Glantz, Enrique González Pedrero, Hugo Gutiérrez Vega, David Ibarra Muñoz, Lorenzo Meyer, Carlos Monsiváis, José María Pérez Gay, Sergio Pitol y Elena Poniatowska.

Linares Zapata cuenta cuál fue el papel de Claudia Sheinbaum en ese momento decisivo:

Fue la encargada de organizar ese debate. A ella le dieron la encomienda de negociar con el Senado [...] Había juntas de los "importantes", y en ellas estaban los dirigentes del PRD, Dante Delgado, Gerardo Fernández Noroña y alguna que otra persona. Claudia y yo estábamos en la puerta, oyendo, porque no éramos invitados. Fueron varias reuniones, hasta que Andrés nos dijo que nos metiéramos.

Y así lo hicieron.

Claudia es una extraordinaria organizadora. Ella estaba a cargo de las manifestaciones, juntaba 2 mil o 3 mil mujeres. Se ponían en un espacio que teníamos ahí cerca del Senado y a llamar a la gente, y lograban que acudieran. Y mira que lo hicimos pues 40 veces, ella lo hizo.

Así que no nada más es buena organizadora, sino que conoce la base política de la ciudad. Eso es parte de sus méritos con Andrés, porque obviamente es una mujer que sabe hacer política de base. A Claudia la respeta mucho y obviamente no sólo es un sentimiento personal, sino es un reconocimiento a su capacidad y a su honestidad.

A la espera de la línea que no llegó

El Movimiento de Regeneración Nacional (Morena) estaba en ruta de convertirse en partido y muy lejos de la hazaña política de ganar, como ocurrió en seis años, la mayor parte de las gubernaturas del país (23, si se cuenta a sus aliados).

Amante de las fechas significativas de la historia de México, Andrés Manuel López Obrador eligió el día 20 de noviembre para formalizar su plan de acción tras la derrota electoral de unos meses atrás. En la asamblea celebrada en el deportivo Plan Sexenal de la Ciudad de México, condujo parte de los trabajos y luego cedió su lugar en la mesa a Claudia Sheinbaum.

Ese día se formalizaba la ruta del nuevo partido que surgiría de la decisión de abandonar el barco del Partido de la Revolución Democrática y crear una nueva fuerza política.

El antecedente inmediato era la elección federal de 2012, en la que Enrique Peña Nieto fue electo presidente con 38.21% de los votos, contra 31.61% de López Obrador y 25.39% de la panista Josefina Vázquez Mota. Una elección a tercios.

Morena elegiría a sus primeros dirigentes formales y reinaba la incertidumbre porque nadie parecía saber quiénes eran los candidatos, los preferidos, de López Obrador. "No habrá línea", había dicho el tabasqueño, pero pocos le creían (curiosamente, igual que 11 años después en la ruta de la sucesión presidencial).

En la crónica que escribí entonces quedó registrado ese momento:

No hay ni las porras ni las exclamaciones propias de una elección. Martí Batres habla serenamente, pero el tono amarillento de su rostro revela su nerviosismo. A esas alturas, a punto de ser electo primer presidente de Morena, en su ruta a convertirse en partido, parece buscar aún una señal, un gesto que no encuentra. Se vota. Batres obtiene 148 votos, 40 más que Bertha Luján. Hay aplausos, pero no gritos de júbilo.

Andrés Manuel López Obrador deja la mesa de los debates —que le corresponde dirigir en su calidad de presidente del Consejo Nacional— en manos de Claudia Sheinbaum. Argumenta que debe terminar de redactar el plan de acción del naciente partido.

Nadie sabía qué hacer; todos esperaban una señal, pero terminamos confirmando que López Obrador cumplió: no hubo línea.

El círculo del triunfo se cierra cuando Batres sube a la tribuna y ofrece —desde la mesa, Sheinbaum no dejaría que lo olvidara— renunciar de inmediato a su puesto de diputado federal.

El primer discurso de Batres no tiene dobleces: "Asumo que no se trata de un cargo, sino de un encargo".

La confianza de López Obrador hacia Sheinbaum se había construido paso a paso, desde que la convocó a su gabinete en el gobierno del Distrito Federal.

5

La jefa

"El informe más presidencial de Claudia Sheinbaum", cabeceó *El País* el 3 de octubre de 2022, sin saber —nadie sabía— que sería el último que haría como jefa de Gobierno de la Ciudad de México.

Aunque, en realidad, se trató de uno de varios ejercicios de rendición de cuentas: el Auditorio Nacional fue escenario del principal, pero en los siguientes días Sheinbaum presentó su informe de manera oficial ante el Congreso local y realizó giras por cada una de las 16 alcaldías.

"Voy a recordar mis épocas de profesora universitaria", dijo a los casi 10 mil asistentes luego de que los gritos de "¡presidenta, presidenta!" retumbaron en el Auditorio Nacional.

Se refería a que su exposición estaría acompañada por videos, cuadros y gráficas para apoyar un relato que resume el lema de su gobierno: "Ciudad de innovación y derechos".

El informe fue un recuento de acciones y logros de gobierno, siempre sustentado en las grandes líneas de la "transformación": austeridad republicana para mayores recursos a los programas sociales, combate a la corrupción y reducción de la deuda pública, derechos para todas y todos.

En el recorrido, lo mismo presumió buenas cuentas en materia de transparencia y creación de empleos formales que un conjunto de programas, federales y locales, que se traducen en apoyos directos a los habitantes de la ciudad por "cerca de 35 mil millones de pesos".

Entre los logros, no pudo faltar uno que le reconocen propios y extraños, aunque entre los segundos haya quienes lo atribuyen sólo a un eficaz mando policiaco: la disminución de 59.4% de los delitos de alto impacto entre 2019 y 2022, que atribuyó a la profesionalización de la policía, una mejor coordinación y la atención de las causas.

Al llegar al centro de su actuación pública, el bienestar de las personas, Sheinbaum recurrió a su participación en las luchas estudiantiles, particularmente contra los intentos de privatizar la educación pública: "Y eso que vivimos, es la esencia de lo que pensamos: la educación no es un privilegio, la educación es un derecho; la educación transforma personas y la educación transforma naciones".

En este rubro destacó las becas para todos los niños y las niñas, la creación de dos universidades y los Puntos de Innovación, Libertad, Arte, Educación y Saberes (Pilares):

"En 50 años en la ciudad se construyeron 150 casas de la cultura, nosotros en cuatro años hemos construido 280 Centros Comunitarios Pilares".

Además de la obligada referencia al Metro —un tema que desde el derrumbe de la Línea 12, el 3 de mayo de 2021, marcaría su gestión—, en la que subrayó la inversión creciente y la renovación total de la Línea 1 (con 53 años de antigüedad), en materia de transporte destacó el trolebús elevado y los cablebuses, que se ubican en zonas de la ciudad tradicionalmente olvidadas.

Ya en modo candidata, la jefa de Gobierno remató sin apartarse un milímetro del discurso del principal elector, dirían los críticos, o de un proyecto que comparte plenamente, según sus partidarios y ella misma: "Somos orgullosamente parte de la Cuarta Transformación de la vida pública de México, y nosotros, con nuestros principios, siempre, siempre: 'No robar, no mentir y nunca traicionar al pueblo de México'".

* * *

Era sábado por la tarde. Afuera, grupos de trabajadores apuraban los preparativos para el mitin en defensa del Instituto Nacional Electoral (INE). En *El Financiero*, Enrique Quintana resumiría al día siguiente (26 de febrero de 2023), en una frase, el ánimo opositor: "Hoy está en juego la democracia".

Claudia Sheinbaum miraba desde el balcón de su oficina a los trabajadores que afinaban los detalles del templete. Más tarde hablaría de la contradicción de que una de las oradoras principales tuviera un discurso "casi fascista".

Pero antes abordamos su manera de entender la política: "Veo la política como un instrumento de transformación, de participación de la gente para cambiar su realidad". Esa formulación viene de lejos, de los años en que aprendió los rudimentos de la acción política en la mesa familiar.

2017, la "mayor preferencia"

En 2015 Morena se presentó por primera vez a elecciones. Claudia Sheinbaum fue candidata a jefa delegacional en la hoy alcaldía de Tlalpan y su triunfo fue uno de los cinco que obtuvo el flamante partido en la disputa de 16 delegaciones.

En un balance de su gestión se apuntó que logró que la demarcación fuese la que mayor presupuesto destinó a programas sociales y obra pública, "gracias a la austeridad y la disciplina en el gasto".

En ese periodo, Sheinbaum inició las audiencias públicas (tres días a la semana, de 06:00 a 08:00 de la mañana) que más tarde mantendría como jefa de Gobierno.

"Un contacto directo, cotidiano y franco con la ciudadanía que se refuerza con los recorridos y las asambleas en territorio", definió entonces.

Como jefa delegacional impulsó también una red de mujeres contra la violencia y el mejoramiento del abasto de agua potable, además de multiplicar por ocho los recursos destinados al suelo de conservación.

El sismo del 19 de septiembre de 2017, que golpeó muchas zonas de la ciudad, tuvo en Tlalpan uno de sus símbolos: el Colegio Rébsamen, que colapsó debido a la construcción de un piso extra, autorizado de manera irregular, y donde murieron 26 personas, entre ellas 19 menores de edad.

Claudia Sheinbaum estuvo presente en el lugar "unos minutos después del sismo", recuerdan colaboradores de entonces.

A principios de 2023, ya como jefa de Gobierno, Sheinbaum ofreció una disculpa pública a las víctimas y sus familiares.

En la inauguración de un memorial que se ubica en la Alameda Sur y cuyo diseño fue decidido por los deudos, Sheinbaum dijo: "Estoy aquí para ofrecer, como representante del gobierno de la Ciudad de México, una sincera, sentida y profunda disculpa pública a las víctimas y sus familiares por la irreparable pérdida derivada del colapso del Colegio Rébsamen durante el sismo de 19 de septiembre de 2017".

En esa ocasión recordó que como jefa delegacional hizo entrega de la documentación que probó las irregularidades cometidas por la dueña del inmueble, directores de obra y servidores públicos.

Y se dirigió a las familias: "Como mujer, madre e hija, sé que no hay palabras que aminoren la ausencia y brinden el consuelo necesario".

* * *

Pese a haber ocupado una importante posición en el gobierno de López Obrador (y del "encargo" de los segundos pisos, la obra emblemática del periodo, entre otros), en 2017 Claudia Sheinbaum era poco conocida, admiten algunos de sus cercanos, incluso entre los habitantes de la Ciudad de México. Para efectos de las encuestas, claro.

En el equipo que la acompañó una vez que decidió contender por la candidatura de Morena al gobierno capitalino comentan que tenía apenas un conocimiento de 8%. Esa cifra la colocaba en un lejano tercer lugar, detrás de personajes con mayor tiempo de exposición pública: Martí Batres, Ricardo Monreal —entonces alcalde de la Cuauhtémoc— y Mario Delgado —entonces senador—. "Claro, sus negativos eran menores", dice un integrante de aquella campaña.

La ventaja de Claudia se logró —presumen sus colaboradores— en unas pocas semanas.

El 24 de agosto de 2017, tras un encuentro de los contendientes, Monreal se declaraba luchador en desventaja contra la "nomenclatura" y daba comienzo a un periodo de amagues y coqueteos con otras fuerzas, un comportamiento político que repetiría años más tarde en torno a la candidatura presidencial.

Terminada la reunión, Batres publicó en redes sociales los datos esenciales del resultado de la encuesta interna: "La información que nos han dado: el más conocido, Batres y la mayor preferencia CS. CS primer lugar; MB segundo, RMA tercero".

Una hora después del tuit de Batres, en su página de Facebook, Sheinbaum dio acuse de recibo: "Lo asumo con orgullo, responsabilidad y agradecimiento. No vamos a defraudar. Mi reconocimiento a Martí, Ricardo [Monreal] y Mario [Delgado]. Son compañeros a los que admiro y me siento honrada de caminar siempre junto a ellos".

Lecciones desde la Ciudad de México

Cuando era alcaldesa de Tlalpan (2015-2017), y preparaba su candidatura a jefa de Gobierno, Sheinbaum organizó una serie de foros para abordar los retos de una de las ciudades más grandes del mundo. "La Ciudad de México que soñamos", se llamaron, y en ellos participaron especialistas en distintas áreas y ciudadanos de a pie que aportaron diagnósticos y propuestas. Algunas de las personas ponentes ocuparían posiciones en su gabinete de la jefatura de Gobierno.

Los foros dieron como resultado una publicación, coordinada por la propia Sheinbaum y Marina Robles, la actual secretaria de Medio Ambiente, que recogió las participaciones en los foros, así como entrevistas y colaboraciones bajo una perspectiva que daba cuenta de una idea de gobierno: "Todos los capítulos se abordan desde la perspectiva del bienestar, de la felicidad de la gente, del sentido de seguridad, de la riqueza de la colectividad, del compromiso de participar por un futuro común".

—¿De "la ciudad que soñamos" a la que te tocó gobernar, hay un abismo?

—La pandemia generó condiciones muy especiales. Tal vez sin pandemia hubiéramos hecho algunas otras cosas, aunque prácticamente estamos haciendo lo que nos propusimos, y también logramos pasar la pandemia, con las dificultades y dolencias de todo mundo, pero no en una crisis que pudiera haberse esperado —respondió Claudia Sheinbaum a finales de febrero de 2023.

—Se pintaba un mundo apocalíptico.

—Sí —Sheinbaum pronuncia esa sílaba de manera enfática. Y sigue—: Hubo un documental de la Organización Panamericana de la Salud (*La tormenta perfecta*) donde pensaban que la CDMX iba a tener escenarios grotescos, terribles, de muertes en las calles, y no, logramos trabajar en conjunto, coordinar y trabajar todos los días para que no fuera así. Y con un esquema distinto de lo que fue el escenario europeo o de ciudades de América Latina donde se prohibía a la gente, se le multaba si no se hacían ciertas cosas. Aquí fue a través de la información y la comunicación.

The Economist y la pandemia

En noviembre de 2021, a punto de cumplir tres años como jefa de Gobierno, Claudia Sheinbaum publicó un breve balance de su gestión. Eligió para hacerlo a *The Economist*, la revista semanal británica que no se cuenta entre las preferidas de los seguidores de la 4T (es "un instrumento neoliberal", según Rafael Barajas, director del Instituto de Formación Política de Morena).

En su artículo, la jefa de Gobierno explicó en un párrafo el origen y las promesas del movimiento del que forma parte: tras 30 años de políticas neoliberales "los ciudadanos votaron abrumadoramente por una transformación radical para reconstruir el Estado de bienestar desde abajo".

Enseguida hizo un sucinto recuento de sus promesas de campaña y destacó, como era esperable en el momento, la respuesta de su gobierno frente a la crisis provocada por la pandemia. Así su resumen: el número habilitado de camas de hospital pasó de 2 mil a 8 mil 246, se otorgaron 3.5 millones de pruebas gratuitas, además de oxígeno, también gratuito, a pacientes que no requerían hospitalización.

"La Ciudad de México tiene uno de los más altos índices de vacunación en el mundo… La pandemia fue una oportunidad de satisfacer la promesa de que no dejaremos a nadie atrás."

—Se habló mucho de concepciones distintas frente a la pandemia, una en el gobierno federal y otra en tu administración, de un choque frontal incluso.

—Desde el gobierno federal tienes una visión, y aquí, que estás en contacto con la gente, tienes otra. Y a lo mejor también hay cosas en las que no estás de acuerdo, como el uso de cubrebocas, y eso no impide que creas en el mismo proyecto de nación.

"Quisieron hacer ver que había una gran diferencia y que las políticas eran distintas, cuando en realidad aquí nos reuníamos, igual por *zoom*, todos los días en la mañana, a veces dos veces al día, para poder atender la pandemia entre las secretarías de la Defensa y la Marina, el IMSS [Instituto Mexicano del Seguro Social], el ISSSTE [Instituto de Seguridad y Servicios Sociales de los Trabajadores del Estado]. Aquí logramos mucha integración en un solo sistema de salud. Hicimos el hospital, muy importante, en CitiBanamex con apoyo de los empresarios, particularmente la Fundación Slim que apoyó muchísimo.

—La estridencia fue disminuyendo hasta casi apagarse en cuanto inició la vacunación.

—Yo tengo una característica, soy muy minuciosa. Entonces, el programa de vacunación lo diseñé yo en mi computadora. Y teníamos reuniones con todo el equipo: a ver, a la Secretaría de Finanzas le toca la sede tal, a la de Medio Ambiente tal, ¿cuántas sillas de ruedas vamos a necesitar?, ¿cuántos congeladores? Le toca a la Secretaría de Educación conseguir los congeladores. Y diario era estar viendo si funcionó o no, cuántos se vacunaron, cuántos esperamos...

—Un día me tocó ver cómo en media hora resolvieron las enormes filas en el World Trade Center.

—Pues es que son 9.2 millones de habitantes. Adultos son 5 millones, y los que llegan del Estado de México también. Cuando dices, en una semana hay que vacunar a todos los de esta alcaldía, o lo hacías así o lo hacías así. Entonces... salió bien, la verdad.

Desde los flancos opositores, la "gestión de la pandemia" fue y sigue siendo objeto de numerosas críticas sobre el presunto ocultamiento de muertes relacionadas con el virus covid-19.

A lo anterior se sumó una polémica por la distribución de ivermectina, un fármaco de uso veterinario que en seres humanos se ha utilizado como desparasitante y para el tratamiento de algunas infecciones, además de que su uso había sido desaconsejado por la Organización Mundial de la Salud.

La ivermectina y otros medicamentos fueron incluidos en un kit médico que el gobierno de la Ciudad de México distribuyó entre personas contagiadas, a partir de diciembre de 2020, con la finalidad de disminuir el número de pacientes que requerían hospitalización.

El gobierno de la ciudad invirtió 29 millones de pesos en la adquisición de decenas de miles de cajas del medicamento mencionado, además de ácido acetilsalicílico y azitromicina.

Cuando el asunto llegó a su habitual conferencia de prensa, en febrero de 2022, Sheinbaum bromeó primero con la idea de que "van a decir que la jefa de Gobierno ya está como el presidente de la República en las mañaneras", para enseguida asegurar que había una "campaña de desprestigio" contra su gobierno.

Puntualizó: "No hubo experimentación y, con base en evidencia científica de ese momento, se toma esa decisión; todo es con base en un grupo interdisciplinario de médicos especialistas que deciden esto para los habitantes de la Ciudad de México. No había efectos secundarios, de acuerdo con los expertos".

"Problemas de origen"

—Estar frente al gobierno de la Ciudad de México ¿te ha hecho la más vulnerable entre quienes aspiran a la candidatura? —pregunté a Sheinbaum en febrero de 2023.

—Sí, hay una parte de los odiadores del presidente que también dirigen sus odios hacia acá.

—¿Y porque los reflectores del país están aquí? Si algo pasa en la Ciudad de México todo el país se entera.

—Tenemos esa vulnerabilidad. Sí, incluso frente a mis compañeros, frente a Adán Augusto y Marcelo, pues no es lo mismo ser de Relaciones Exteriores o Gobernación, que jefa de Gobierno. Ellos tienen más movilidad, pueden ir a un estado u otro y nadie los cuestiona, y en mi caso, si salgo un domingo, preguntan: "¿Qué hace la jefa de Gobierno en Tamaulipas?".

Unas semanas antes, el 7 de enero de 2023, un nuevo accidente en el Metro, esta vez en la Línea 3, había obligado a Sheinbaum a regresar de una visita a Michoacán, parte de los recorridos que había iniciado con el fin declarado de presentar políticas públicas exitosas. En el accidente, resultado del alcance de dos trenes, murió la joven estudiante de la UNAM Yaretzi Adriana Hernández Fragoso y resultaron heridas 59 personas.

Unos días más tarde, el presidente López Obrador y Sheinbaum anunciaron el despliegue de 6 mil 60 elementos de la Guardia Nacional (GN) en las instalaciones del Metro, debido a la sospecha de que los continuos incidentes podían deberse a actos de sabotaje. "La decisión del gobierno capitalino se deriva de los recientes acontecimientos:

el alcance de trenes en la Línea 3 y los incidentes registrados en las líneas 7 y 8", se dijo en un comunicado.

En la mañanera del 12 de enero, Sheinbaum aseguró que, lejos de disminuir, el presupuesto del Metro se había incrementado en 4 mil millones de pesos respecto de 2018 (hasta 19 mil millones de pesos): "Hay presupuesto, evidentemente se está haciendo todo el diagnóstico, el trabajo con los trabajadores del Metro de manera muy importante para, si es necesario más presupuesto, otorgarlo; pero aun así, y por seguridad y sobre todo la preocupación de la ciudadanía, de los usuarios del Metro, hemos tomado la decisión de pedir este apoyo [de la GN]".

Los informes sobre el estado del Metro y las inversiones realizadas por el gobierno se habían vuelto ya cotidianos en los mensajes de la jefa de Gobierno.

El despliegue de la Guardia Nacional ocasionó una tormenta mediática en la que se acusó "militarización" y "negligencia" del gobierno.

—La Comisión de Derechos Humanos de la Ciudad de México dice haber recibido "cero quejas" por la presencia de la GN en el Metro.

—Estamos por presentar los datos. Ha disminuido el robo de cable en el Metro, que sigue siendo un tema gravísimo. Traíamos este tema en el Metro como uno de los elementos principales del accidente, y después empiezo a ver todo el robo, y es un tema mucho más complejo de que llegara un indigente a cortar un cable, sino ya un tema de delincuencia mucho más armado. Y además a la gente le ha ayudado.

En este punto, Sheinbaum destacó "el apoyo que tuvimos del presidente. Creo que más que un apoyo a mí fue un apoyo a la gente, porque son 4 millones de personas las que se mueven en el Metro. Y él sabe la importancia que tiene el Metro, fue jefe de Gobierno. Y aparte, pues nos metimos, digamos, a las entrañas para saber qué estaba pasando. Muchas ineficiencias, pero desde hace 15 o 20 años, en las compras, en… Claro, antes no se notaba, pero ahora cuando una línea tiene 53 años —50 y 48 las otras—, pues se nota más. Entonces nos metimos a hacer mucho más eficiente el gasto, a ver qué se compraba, qué no. Se va a mejorar todavía más el Metro.

—Y está el gran pendiente de la Línea 12.

—A ver, la Línea 12 tenía fallas en la construcción… Yo no quise hacer de esto un tema político, porque qué sentido tenía. Digo, la responsabilidad es rehacer la línea 12, que está costando muchísimo trabajo, y la verdad es que ahí [Carlos] Slim se ha estado portando bien, incluso él es el que quiere que todo quede perfectamente, se están teniendo muchos mecanismos para asegurarlo, y nosotros también. Pero sí, tenía problemas de origen.

* * *

No amanece aún. La plancha del Zócalo luce vacía. El brillo de la iluminación recorta algunas sombras que llegan al Antiguo Palacio del Ayuntamiento. Son mujeres y hombres con algo en común: cargan papeles, en fólders o pequeñas bolsas, documentos que cuidan cual bebé en brazos, con sus peticiones, en un acto que para muchos es el último recurso para ser escuchados por las autoridades.

Se identifican en la entrada, pues han hecho cita previa, e ingresan a un salón de la planta baja donde Sheinbaum ofrece conferencias de prensa.

Son los primeros días de febrero de 2023 y se han dispuesto seis decenas de sillas para la espera. Al frente y al costado de las sillas hay varias mesas detrás de las cuales están los funcionarios que atienden las peticiones. Delante de cada uno hay un pequeño cartón que identifica la dependencia: Vivienda, Agua, Seguridad, Finanzas, Empleo, Bienestar.

Al centro de la mesa principal está Claudia Sheinbaum, quien todos los martes atiende personalmente a ciudadanas y ciudadanos que llegan a verla con las más variadas solicitudes. Sobre la mesa hay cajitas de pañuelos desechables, gel antibacterial, una engrapadora.

En el ambiente, a la vez solemne y cálido, se escucha el murmullo de varias conversaciones simultáneas.

"Ojalá sirva y se arregle mi caso", me dice una mujer que espera turno. Se llama Magdalena y es odontóloga. Dos años atrás saquearon su consultorio y la dejaron sin nada para ejercer su profesión. En la fiscalía integraron mal el expediente, se queja. "Ya hasta hablé con Ernestina [Godoy, la fiscal de la Ciudad de México], pero nada".

A la dentista le toca ser atendida por un funcionario, pero al terminar ella no ceja y se acerca a la jefa de Gobierno. Como varios de los que asisten, le pide una foto y sonríe a su lado mientras le recuerda su petición.

Magdalena, me informaría después Sheinbaum, recibió apoyo para reabrir su consultorio.

El tropezón del 21

"Díganme el nombre del presidente de Morena en la Ciudad de México." Tres periodistas informados, los caricaturistas Antonio Helguera, José Hernández y Rafael Pineda, *Rapé*, respondieron primero con risas. Pasados unos segundos, Hernández admitió: "No, no sabemos".

Era 13 de junio de 2021 y en el programa Chamuco TV analizábamos los resultados de la elección ocurrida una semana antes que tuvieron, para Morena, el sabor agridulce del triunfo en la mayor parte de las gubernaturas en disputa y la pérdida de 9 de las 16 alcaldías de la Ciudad de México.

Que tres periodistas informados no supieran el nombre del presidente del partido —Héctor García— que gobierna la ciudad era un síntoma de las fallas de una campaña que se saldó con una importante derrota territorial y a la vez simbólica por lo ocurrido en el bastión histórico de la izquierda electoral (aunque la derrota, hay que decirlo, se extendió al llamado "corredor azul" que abarca varios municipios del Estado de México).

"Nos perdió la soberbia", dijo el nunca humilde Pablo Gómez, uno de los derrotados de la elección quien, además, perdió la diputación federal frente a esa hechura de Elba Esther Gordillo llamada Gabriel Quadri.

Gómez aludió así una de las razones de la derrota: que muchos aspirantes morenistas se sentaron a esperar que esa locomotora llamada López Obrador los llevara nuevamente, ahora desde la mañanera, a los patios de San Lázaro o las alcaldías y se cruzaron de brazos.

"¿Campaña? ¿Cuál campaña? Yo voy a poner unas lonas y nada más", dijo el alcalde de Azcapotzalco, Vidal Llerenas, la víspera de los comicios intermedios de 2021. La escena ocurrió en una reunión de alcaldes que buscaban la reelección.

El entrañable Antonio Helguera —quien participaba, sin saberlo, en su última emisión del programa, pues moriría sorpresiva y tempranamente unas semanas después— puso en la mesa otra causa: "Muchos gobernaron con las patas, y lo digo yo que vivo en Álvaro Obregón y me tocó con Layda Sansores; qué pésima gestión".

Con todo, la "pésima gestión" de Sansores fue premiada con la candidatura al gobierno de Campeche y Ricardo Monreal —que jugó con la oposición— siguió en su puesto de coordinador de los senadores mientras Sandra Cuevas, la advenediza que el zacatecano ayudó a convertir en alcaldesa de Cuauhtémoc, se convertiría en una piedra en el zapato del gobierno de la ciudad.

Apenas cerraron las urnas, la batalla electoral se convirtió en una guerra de percepciones. Desde los flancos opositores se pretendió instalar la idea, en la opinión pública, de que se había logrado "parar la maquinaria" electoral de Morena y se había arrebatado al oficialismo algo que nunca tuvo: la mayoría calificada en la Cámara de Diputados.

Los resultados prueban, dijeron en todos los tonos dirigentes opositores, que "se puede derrotar a López Obrador".

Del lado de la 4T se celebró el triunfo en la mayor parte de las gubernaturas en disputa, lo que significó un avance territorial inédito, si se considera que Morena arrancó el sexenio con sólo cinco gubernaturas.

En el recuento de los datos duros, Morena tuvo resultados mixtos:

- Obtuvo más de 12 millones de votos.
- Ganó 11 de 15 gubernaturas en disputa.
- Ganó la mayoría en 19 congresos locales.
- Logró la mayoría simple en la Cámara de Diputados.
- Mantuvo la hegemonía en Iztapalapa, Tijuana, Ecatepec y Ciudad Juárez.

- En el Estado de México arrebató Texcoco y Ciudad Nezahualcóyotl al PRD.
- Morena y sus aliados perdieron 34 distritos de mayoría, así como 4 millones 182 mil 14 votos, con respecto a la elección federal de 2018.
- Perdió algunas de las principales ciudades del país, entre ellas Puebla, León, Chihuahua, Zapopan, Huixquilucan, San Pedro Garza García y Monterrey.
- En la Ciudad de México perdió 9 de 16 alcaldías, incluyendo Cuauhtémoc, Coyoacán y Miguel Hidalgo. La gobernabilidad de la ciudad, con su importante peso electoral, quedó dividida entre Morena, PAN y PRI.
- En el Estado de México perdió los municipios de la zona industrial, entre ellos Naucalpan, Tlalnepantla, Atizapán y Coacalco.
- Hubo una disminución del apoyo de las clases medias hacia Morena.

* * *

A la distancia, a finales de febrero de 2023, pregunté a Sheinbaum sobre los comicios intermedios.

—¿No se trata más bien de recuperar la ciudad? ¿No la perdieron en 2021?

—¡No! En el 21 se dieron características muy especiales.

106

—¿Se hizo ese balance electoral?

—Sí. Número uno, creo que no participó todo mundo adecuadamente en las decisiones; se fue mucho en la idea de "bueno, que digan las encuestas quién es el mejor candidato". Dos, la verdad es que la crítica contra el presidente durante la pandemia fue durísima… Entonces, sí hubo una campaña muy fuerte contra él y no nos dimos cuenta de la magnitud. Tres, creo que en algunos casos la reelección no nos ayudó, y la mayoría de los alcaldes quisieron reelegirse, y eso en algunos casos funcionó y en otros no, creo que eso contó.

"La elección se hizo como una elección de alcaldes, o sea no hubo en Morena Ciudad de México una cosa de defensa del proyecto, de construcción del proyecto, sino más bien era pues por quién te vas a ir, por este alcalde o por esta alcaldesa. Ni siquiera se construyó como una campaña única, salimos divididos también con el Verde y con el PT. Fueron muchas que se juntaron en el 21, muy especiales. Eso no quiere decir que uno diga [hacia 2024] 'ah, de todas maneras vamos a ganar'.

—¿Contó la pérdida de sectores de la clase media por las expresiones del presidente, los universitarios…?

—También pudo haber contado. Creo que sobre todo el tema de los científicos pesó en ese sector, sobre todo… Yo estuve en contra de la acusación de delincuencia organizada; no sé si hubo corrupción o no, no lo sé; pero es muy distinto decir "hay mal manejo de recursos" a "hay delincuencia organizada", creo que fue un exceso total...

"Todo el tema [del sector] de la cultura, que se distanció, creo que porque no se explicó bien lo de los fideicomisos, también pesó mucho. O sea, se usó mucho. Y por otro lado a ese sector la pandemia le pegó durísimo, entonces se sintieron agraviados Y sí, pues algo del discurso también...

En el recuento, de manera inevitable llegamos a una tragedia que marcó su gestión: el colapso de la Línea 12 del Metro, ocurrido el 3 de mayo de 2021, con un saldo de 26 personas muertas y más de 100 heridas. "Fue un trauma social, obviamente, un accidente terrible en la ciudad. La oposición la usó con todo, y la elección fue casi tres semanas después; eso pesó mucho." "En el 24 hay que pelearla y tiene que haber un buen candidato o candidata para la ciudad, alguien que articule, que junte, que no genere división."

Terminó el balance de las razones propias con lo que consideró una realidad rumbo a 2024: "Pero va a jalar mucho la presidencia...".

Tras el examen de las causas desde Morena, pasó a dibujar un escenario futuro:

—Entonces quien se postule como jefe o jefa de Gobierno la va a tener difícil porque hay nueve alcaldías de la oposición. Aunque ellos están muy divididos, muy divididos, no es la Ciudad de México que salió del 21. Aquí el

PRI vota todo con nosotros en el Congreso; el PRD también vota muchas cosas con nosotros; el PAN y su discurso de odio los ha aislado mucho, este grupo panista de la ciudad es muy clasista y corrupto.

—¿No representan a la militancia de su partido?

—No, ni incorporaron gente. Están muy divididos en este momento. Eso no quiere decir que en 2024 no se vayan a juntar, pero no hay entusiasmo digamos en las bases de los partidos… Y luego ya vieron a algunos de sus alcaldes, ya vieron el Cártel Inmobiliario, ya vieron muchas cosas que van a pesar en el 24.

"¡Presidenta, presidenta!"

Todavía no se enfriaban los resultados de la elección intermedia cuando llegó la hora de celebrar los tres años del triunfo de 2018. El presidente López Obrador decidió una breve ceremonia en Palacio Nacional, y así dejó el espacio para que Claudia Sheinbaum "se llevara la tarde" del 1 de julio de 2021 en el Auditorio Nacional, según reseñaron ese día los noticieros de televisión.

A partir de entonces se multiplicarían las expresiones de apoyo a Claudia Sheinbaum en actos públicos, acompañadas del grito de "¡presidenta, presidenta!".

Lleno de dirigentes y cuadros de Morena, el Auditorio Nacional fue el escenario de ese arranque, quizá porque en las filas del obradorismo Claudia Sheinbaum es vista como la candidata natural del movimiento.

"Si la encuesta fuese sólo entre morenistas, Sheinbaum sería la candidata con una amplia ventaja", me dijo, ya en 2023, un integrante del gabinete presidencial.

Sobre el evento conmemorativo, Andrea Becerril y Néstor Jiménez reseñaron en *La Jornada*:

> La primera plana de Morena vivió anoche el festejo por el tercer aniversario del triunfo electoral de 2018 en medio de luces y sombras: con la plena coincidencia de respaldo e impulso al proyecto del presidente Andrés Manuel López Obrador, pero en medio de divergencias con la dirigencia nacional y un descontento que buena parte de los militantes (unos 4 mil) expresaron con silbidos durante el discurso de Mario Delgado, presidente nacional del movimiento.
>
> La celebración en el Auditorio Nacional permitió, asimismo, vislumbrar las simpatías por la jefa de gobierno de la Ciudad de México, Claudia Sheinbaum Pardo, quien se llevó no sólo aplausos, sino el grito de "presidenta, presidenta".

El contraste ocurrió cuando llegó el turno de Mario Delgado, presidente formal del partido. Apenas iba en las dedicatorias cuando surgieron los abucheos, que iban subiendo de tono cuando Claudia Sheinbaum se levantó de su lugar en el escenario y, sin dejar de aplaudir, se acercó al atril desde el que hablaba Delgado. La siguieron dirigentes, gobernadoras y gobernadores, la plana mayor.

Pese al cobijo de los aplausos iniciados por la jefa de Gobierno, los silbidos no cesaron.

Poco antes de arropar a Delgado, quizá movida por esa idea de la necesidad de preservar la "unidad del movimiento" a la que se ha referido en muchas ocasiones, Sheinbaum había abordado en la tribuna el revés electoral de unas semanas atrás: "Hubo un exceso de confianza y falta de unidad, así como otros factores externos que provocaron el resultado electoral".

* * *

En los días poselectorales de 2021 conversé con un viejo cuadro de la izquierda chilanga, devenido morenista. Para alguna nota o comentario en espacios de opinión utilicé algunos de los elementos de su análisis, pero otros quedaron en la libreta de reportero, como suele ocurrir.

- Entre los militantes de Morena, la versión más extendida de la pérdida de alcaldías y diputaciones fue que "falló la operación" de la jefa de Gobierno, cuando en realidad tuvieron más peso otros factores.
- Salvo algunos comités que se mantienen por su propia decisión y con sus propios recursos, no hay co-

mités de base, mucho menos a nivel distrital. No hay nada que pueda asemejarse a vida partidaria.

- En tanto "candidata natural de la izquierda", Sheinbaum debe reconstruir los puentes con sectores que la 4T ha ignorado o marginado, o que bien tienen esa percepción por decisiones que los han afectado.
- En el arranque del sexenio hubo un choque entre instancias federales y locales que propició que muchos beneficiarios de los programas sociales quedaran fuera, por cuestiones administrativas. Con el correr del tiempo los fueron reincorporando, pero en campaña hubo candidatos que enfrentaron ese reclamo. "La 4T abandonó a los suyos", gustaba decir el ahora panista Gabriel Quadri, cuando en sus recorridos de campaña se frotaba las manos con la posibilidad de vencer a Morena en las urnas.
- La división interna afectó varias candidaturas. En algunos lugares, los perdedores dejaron caer los brazos, en otros, respaldaron las candidaturas de oposición, como Ricardo Monreal en la Cuauhtémoc.
- La alianza de tres partidos sí sumó en el caso de la Ciudad de México. El PAN movilizó a sus electores como nunca. El PRI promovió y compró votos. El PRD aportó en demarcaciones donde mantiene estructuras. Un contraejemplo ocurrió en Iztacalco, donde el alcalde Armando Quintero operó para evitar la alianza opositora y consiguió la reelección.

- La arena reclamaba cabezas y no hubo una sola por la tragedia de la Línea 12.
- "Acabamos de conmemorar la matanza del 10 de junio de 1971. No debemos olvidar de dónde venimos. Muchos lo olvidaron y se dedicaron a mirarse el ombligo".

6

La sucesión adelantada

Batallas en el aire

"¡Ésa es la humildad de la jefa de Gobierno que tenemos, es del pueblo!", gritó el taquero, un vendedor nato, parlanchín, cuyo verbo lo ha convertido en un personaje del Centro Histórico.

El vendedor suele instalar su puesto ambulante frente a la Suprema Corte de Justicia de la Nación. Quien lo ha visto por ahí sabe que es un buen orador, que hace chistes mientras ofrece su mercancía y que vende sus tacos, a los que llama "El puro veneno", al doble de lo que usualmente se ofrecen en otros puntos de la ciudad (cabe decir que son tacos bien servidos).

Aquel 14 de noviembre de 2021, Claudia Sheinbaum cruzó la calle. El taquero la esperaba con las manos listas y la canasta abierta. El video, de sólo unos segundos, fue considerado en algunos medios una de las primeras piezas de campaña de la jefa de Gobierno —de las que intentan resaltar atributos para generar una conversación—, y se habló de que fue fabricada en busca de ofrecer una imagen cercana a la cotidiana del presidente López Obrador.

—Eso fue totalmente auténtico. El vendedor me llamó "jefa, jefa, véngase a comer", y fue así, no creas que fue algo ensayado lo de ir a comer tacos. Igual ahora que fui a Quintana Roo estábamos comiendo una torta ahí, con Mara [Lezama, la gobernadora] —explicó Sheinbaum a mediados de 2022.

Más allá del episodio de los tacos, lo cierto es que la sucesión adelantada obligó a los aspirantes a la candidatura a apretar el paso en las volátiles redes sociales, espacio donde ahora se libran también las batallas políticas, con el fin de aumentar su conocimiento entre la población.

El arranque en las encuestas

Las primeras mediciones, ya con sentido de campaña, habían llegado en 2021, luego del famoso calificativo con el cual el presidente López Obrador dio el banderazo de salida sucesorio.

Las mediciones se concentraron entonces en tres perfiles: Claudia Sheinbaum Pardo (CSP), Marcelo Ebrard Casaubón (MEC) y Ricardo Monreal Ávila (RMA), quien sin haber sido mencionado por el presidente se incluiría por cuenta propia en la lista, como más tarde se descartaría a sí mismo para "jugársela" con el presidente (lo que sea que ello signifique).

Desde un principio la medición de *El Financiero*, a cargo de Alejandro Moreno, registró a la jefa de Gobierno como la preferida por el universo encuestado. En esa medición, no sobra decir, una eventual coalición opositora nunca ha estado a menos de 15 puntos de distancia.

La opinión favorable de los electores, en agosto de 2021, se distribuía: 55 para CSP; 38 para MEC; y 20 para RMA.

En lo correspondiente a la publicada por *El Universal* y levantada por Buendía & Márquez (diciembre de 2021), uno de cada tres entrevistados tenía una opinión favorable del canciller y de la jefa de Gobierno, 33 y 32 respectivamente.

El saldo resultaba positivo para la jefa de Gobierno, pues tenía menos "negativos" que el canciller. Cabe señalar que también era menos conocida, aunque entre los morenistas tenía una alta empatía, 27 contra 17.

Reforma lo hizo también y el 1 de septiembre de 2021 tituló: "Despuntan Sheinbaum y Ebrard rumbo a 24", para situar a la jefa de Gobierno con una opinión "Muy buena/buena" del 28%, por 21 del canciller y 8 del senador zacatecano.

La más fotografiada

Si las encuestas son la captura de un instante, la más fotografiada es Claudia Sheinbaum.

Sí, se sabe que las encuestas son una fotografía de un momento determinado y que en la muestra y metodología están los detalles. Sabemos también que el presidente López Obrador decidió que él anunciaría, encauzaría y participaría en una encuesta que defina, en teoría, qué candidata o candidato (denominados por él mismo como "corcholatas") será el favorecido o la favorecida.

En la revisión de las encuestas públicas de C&E, Rubrum, *Reforma*, *El Universal*, *El Financiero*, Enkoll y De las Heras Demotecnia el saldo es favorable para Sheinbaum.

La favorecen los atributos de cercanía con la gente y con el presidente, además de situarse como la mejor posicionada en uno de los mantras del obradorismo: la honestidad.

Por ejemplo, la medición realizada por la casa encuestadora De las Heras Demotecnia, a cargo de Rodrigo Galván, nos muestra que Sheinbaum gana en casi todos los reactivos. A saber:

- Cercanía con la gente
- Honestidad
- Más probabilidades de cumplir promesas de campaña

- Impulsaría más el derecho de las mujeres a vivir una vida libre de violencia
- Opinión positiva
- Estaría más dispuesto a votar en la siguiente elección
- Prefiere que sea candidata a la presidencia por Morena
- Sería la mejor candidata

Los encuestados únicamente consideraron que Marcelo Ebrard conoce más el país, lo cual tal vez explique la necesidad de las giras de fines de semana que Sheinbaum realizó por distintas ciudades del país.

La misma desventaja refleja la encuesta de octubre de 2022, a cargo de Consulta Mitofsky, donde el porcentaje de personas que considera que Sheinbaum conoce el país llega a 22 puntos por 29 de Ebrard.

En el resto de las mediciones de 2022 hasta los primeros meses de 2023 mantiene una consistencia en cuanto a atributos, posibilidad de triunfo, cercanía, simpatía entre militantes morenistas e identificación con AMLO. En lenguaje de encuesta: estadísticamente no tiene forma de perder, probabilísticamente podría hacerlo.

De las siguientes personas, dígame por favor **¿quién de ellas...?**

	Claudia Sheinbaum	Marcelo Ebrard	Adán Augusto López	Ricardo Monreal	No los conoce	Todos / Cualquiera	Ninguno	No sabe
Es más cercana a la gente	44%	22%	6%	4%	6%	1%	8%	9%
Conoce más el país	22%	41%	8%	5%	4%	2%	4%	14%
Es más honesta	38%	13%	6%	3%	5%	1%	18%	16%
Tiene más probabilidades de cumplir sus promesas de campaña	39%	21%	6%	4%	4%	1%	12%	13%
Impulsaría más el derecho de las mujeres a vivir una vida sin violencia	71%	8%	2%	2%	2%	1%	7%	7%
Opinión positiva*	68%	59%	55%	35%				
Estaría más dispuesto a votar en la próxima elección para presidente de la República	46%	20%	7%	4%	3%	1%	11%	8%
Prefiere que sea el candidato de MORENA a presidente de la República	41%	24%	8%	5%	3%	2%	8%	9%
Sería el mejor candidato a presidente de la República	38%	26%	8%	6%	2%	1%	8%	11%

morena

120

Claudia Sheinbaum con cerca de 10 meses de edad rumbo al parque por la calle de Newton de la Ciudad de México (1963).

Con alrededor de 2 años, en el jardín de la casa de sus abuelos maternos (1964).

Durante un festival de ballet en el que participó en Ciudad Satélite, cuando tenía 9 años de edad (1971).

Foto tomada para su certificado de primaria, cuando tenía 12 años (1974).

En casa de sus abuelos maternos, con 16 años de edad (1978).

"Lo más rico era irse a comer por ahí, donde había las mejores carnitas, porque todo Aguililla Michoacán vive en Redwood City". Con su hija Mariana, entonces de 3 años, durante la estancia académica en California (1991).

Con su hija Mariana y su hijo Rodrigo, sentados sobre su coche en California (1991).

THE STANFORD DAILY

An Independent Newspaper

VOLUME 200, NUMBER 7   100th YEAR   TUESDAY, OCTOBER 1, 1991

Salinas addresses 'inner revolution'

Protesters descry 'fraudulent' government

By Mara Mather
Editorial Staff

Every detail — from the little Mexican flags given to the audience to the red and white flowers lining the stage — was carefully planned for the Centennial Convocation "Beyond Schools: Teaching and Learning Together."

Yet despite all of the plans, the University could not drown out the shouts of demonstrators outside the gates of Frost Amphitheater during the keynote address by Mexican President Carlos Salinas de Gortari.

One sign held by protesters in the audience during Salinas' speech read, "Don't be fooled, Mexico is still NOT a democracy." Another read, "How many dead people voted in the last election?"

Protest organizer Carlos Imaz, a doctoral student at the School of Education, said the Mexican government's "lack of respect for human rights and the lack of democracy" spurred the demonstration, which he estimated included 70 people.

In his address, Salinas said: "Mexico, of its own volition, has set out on the path to change both at home and in its relations with other nations."

Addressing the convocation's theme, the Mexican president called education "an inner revolution that joins the movement of

nations," a revolution that "has an unsuspected impact on the direction they take."

Salinas received loud applause when he switched from Spanish to English and said, "We need trade, not aid, to generate more employment." He added that Mexico needs development, but not at the cost of the environment.

Richard Lyman, Stanford's seventh president, also spoke at the convocation. He said in his welcome address that Stanford exists in "a world in which change is the only constant."

Lyman said the situation calls for a solution that combines disciplines. "We have never "stood in greater need of a synthesizer.... We must become more adept than ever at forming partnerships with other universities."

The presidents of four universities — Cornell, UC-Berkeley, MIT and Johns Hopkins — addressed the audience, saluting Stanford. The presidents of Harvard and Indiana University, who could not attend the convocation, instead sent written messages, read by Lyman.

The six institutions were chosen because Leland and Jane Stanford consulted with the presidents of these universities to help create their own vision when

While Mexican President Carlos Salinas deGortari spoke about his country's future, demonstrators rallied against the present 'dictatorship' of the country.

A. Green — Daily

Please see SALINAS, page 2

Lucha sin fronteras. Protesta de estudiantes mexicanos durante la visita de Carlos Salinas de Gortari a la Universidad de Stanford (1991).

En las Cataratas Victoria en la frontera entre Zambia y Zimbabue. Fue a África invitada por el grupo LEAD al ser egresada del Programa de Estudios Avanzados en Desarrollo Sustentable y Medio Ambiente del Centro de Estudios Demográficos, Urbanos y Ambientales de El Colegio de México (1999).

Andrés Manuel López Obrador formalizó su invitación en el Sanborns de San Ángel y Sheinbaum se convirtió en secretaria de Medio Ambiente del Distrito Federal (en un acto público en 2001).

Jefa de Gobierno de la Ciudad de México
(2018-2023)

"Es quizá una casualidad histórica, pero no deja de asombrar el triunfo nacional y la reconquista de la Ciudad de México por un movimiento democrático y pacífico 50 años después del movimiento estudiantil de 1968 y 30 años después del fraude electoral de 1988. Ése es nuestro origen, pero nuestro gobierno será para todos y para todas", Claudia Sheinbaum, al asumir la jefatura de Gobierno en 2018.

En los actos públicos se multiplicó el grito de "¡Presidenta, presidenta!".

La presidenta que anticipan las encuestas

Pocas veces se habían realizado —y publicado— tantos estudios demoscópicos relacionados con un proceso electoral presidencial en México.

Más sorprendente aún es que las encuestas empezaron a aplicarse más de dos años antes de las votaciones de 2024.

Edmundo Crespo Ruiz, especialista en estadística de MetricsMx, explica que las encuestas, más que analizar a los aspirantes presidenciales, "han dado una lectura de los votantes mexicanos de cara a la elección del 2024".

—Para desventura de las oposiciones, es muy claro lo que dicen las encuestas.

—En efecto, en prácticamente todas se reportan claras ventajas del partido en el poder, Morena, junto con sus aliados Partido del Trabajo y Partido Verde.

—¿La oposición no gana ni con alianza?

—Morena no pierde en ningún escenario que incluya a los partidos de oposición unidos.

—Algunos sostienen que en las oposiciones se preparan ya para 2030. ¿Está decidida la elección presidencial?

—Ante este panorama, luce poco probable, mas no improbable, una derrota del candidato morenista a la presidencia en 2024, de ahí la importancia de medir lo que pasa en la elección interna de ese partido.

Economista por la Universidad Autónoma de Nuevo León, formado como encuestador en el diario regiomontano *El Norte*, hermano mayor del *Reforma*, Crespo Ruiz tiene la impresión de que a veces pareciera que estamos ante una contienda entre encuestadores, "más que entre los aspirantes mismos".

—Alguien dijo que a veces piensa que el único objetivo de las elecciones es saber si las encuestas tenían razón o fallaron.

—Es chiste, parezca lo que parezca. Pero recientemente en la elección de gobernadora del Estado de México, la opinión pública se interesó menos en los resultados que dio la autoridad electoral que en juzgar a las casas encuestadoras.

Edmundo Crespo, quien fue responsable de todos los estudios de opinión pública de *El Norte* entre junio de 2003 y noviembre de 2017, no tiene duda acerca de que la carrera de las *corcholatas* ha sido una competencia entre dos opciones: "En la disputa por la candidatura de la Cuarta Transformación sólo tienen posibilidades dos contendientes, Claudia Sheinbaum y Marcelo Ebrard; se registraron seis personas, pero cuatro, según las estadísticas conocidas, simple y sencillamente son actores secundarios".

—La pasarela de encuestas empezó hace un año o año y medio, ¿no es así?

—Prácticamente desde el arranque del sexenio se hicieron muchos careos entre aspirantes de diferentes partidos y se enlistó en diversas encuestas por muchos meses a políticos de Morena y de otros institutos políticos, preguntando a quién preferían de presidente, pero la contienda que en realidad vale, la diseñada para definir al aspirante del partido del presidente López Obrador, se comenzó a medir a principios de 2022.

Las encuestas en los medios

Para su análisis, el experto no toma en cuenta todas las encuestas que circulan, muchas de ellas desconocidas o nacidas para la ocasión, sino que se centra en las publicadas en medios nacionales e internacionales.

Éste es el panorama general de la demoscopía actual en México visto por el especialista:

- Desde abril de 2021, *El Financiero* publica una encuesta mensual, elaborada por Alejandro Moreno. En los primeros dos estudios Claudia superó por 8 puntos a Marcelo; en junio, el entonces canciller tomó la punta aventajando por 3 puntos: ésa es la única ocasión que estuvo de líder, desde entonces sólo en octubre se reportó un empate. Pero a partir de ahí la exjefa de Gobierno ha ampliado la ventaja llegando a 16 puntos en la encuesta publicada la primera semana de mayo de 2023.
- Buendía & Márquez publicó en *El Universal* en agosto de 2022 que Marcelo estaba a sólo tres puntos

de Claudia, en votación efectiva, algo similar a lo que difundió *El Financiero* ese mes. En sus siguientes publicaciones, en noviembre de 2022 y marzo y mayo de 2023 la ventaja de Sheinbaum se amplió hasta los 13 puntos.

—¿Cómo interpretas que Marcelo haya cerrado la diferencia e incluso empatado, pero después haya vuelto a estar lejos de la líder, Claudia?

—La exjefa de gobierno superó sus crisis, así de simple. Pese a las fuertes crisis que enfrentó Claudia en la Ciudad de México, como los accidentes en el metro capitalino, el voto reflejado en las encuestas con respecto a sus adversarios no sólo se ha mantenido, sino que ha aumentado. Funcionó su control de daños.

—¿Todas las encuestas dicen eso?

—Sí. En lugar de irse cerrando la contienda pareciera estar más amplia a favor de Sheinbaum. Así lo reportan también los números de las encuestas de *El Economista*, realizadas por Consulta Mitofsky de Roy Campos: en octubre de 2022, Claudia estaba 2.9 puntos arriba de Marcelo, en diciembre se cerró muy ligeramente a 2.6, y a partir de ahí se ha ampliado hasta llegar en junio de 2023 a una ventaja de 11.6. En este estudio, sí se está cerrando la contienda por la segunda posición: Adán Augusto López está ya sólo a 4.5 puntos de Ebrard; conste, según lo consignado por *El Economista* en su encuesta más reciente.

—¿Y *Reforma*?

—Ha publicado sólo tres encuestas de la contienda interna de Morena en los últimos 12 meses. En mayo de 2022 la experta Lorena Becerra reportó una ventaja de 7 puntos de Claudia sobre Ebrard, pero sólo entre simpatizantes de Morena. En diciembre, una ventaja de 6 puntos en población general y en mayo pasado esa diferencia se redujo ligeramente a 5 puntos. Pareciera que en estos 12 meses no pasó nada, aunque los simpatizantes de ambos a lo mejor argumentarían que siguen en la punta y a la misma distancia. Eso ya es ganancia para ambas partes.

El tracking diario y la "encuesta de encuestas"

- Desde noviembre de este 2023, *El Heraldo de México* publica mensualmente la encuesta realizada por Poligrama. En su primera publicación Claudia aventajaba a Ebrard por casi 10 puntos, 28.5% contra 18.7. Prácticamente se ha mantenido a esa distancia en los siete levantamientos de *El Heraldo*. Lo que sí ha sucedido es que Adán ha acortado la diferencia con el excanciller, de 5.9 a sólo 3.3 (en la publicada el 5 de junio de 2023).
- *SDP Noticias* es el único medio que realiza desde marzo de 2022 un tracking diario de las contiendas internas de los partidos y alianzas.

- En el tracking diario, realizado por MetricsMX, consistentemente Claudia ha estado arriba de Marcelo, aunque la diferencia se ha llegado a cerrar a poco más de 1 punto, como sucedió en noviembre de 2022, pero después se amplió y este año se ha movido entre 6 y 10 puntos, ella arriba en todas las mediciones.

- Adicionalmente, *SDPNoticias* hace una recopilación de las encuestas publicadas en los medios sobre la contienda interna de Morena, a la que ha llamado "La encuesta de encuestas", que es una recopilación sencilla de lo más relevante en la materia.

- Desde septiembre de 2022 se difunde "La encuesta de encuestas", que considera los estudios de ocho medios de comunicación: *El Universal, Reforma, El Financiero, El Heraldo, El Economista, SDPnoticias* y los diarios españoles *El País*, de Madrid, y *La Vanguardia*, de Barcelona.

- En el promedio de todos los estudios mencionados la ventaja de Claudia sobre Marcelo se ha duplicado: pasó de 7.4 puntos en la primera publicación, en septiembre de 2022, a 15 puntos en la segunda semana de junio de 2023.

- Los periódicos españoles, también considerados en "La encuesta de encuestas", han dado una ventaja muy amplia a Claudia.

- *El País*, que publica las encuestas de Enkoll, reportaba hace un año una ventaja de 9 puntos de Claudia sobre Ebrard, en la votación efectiva; en mayo de 2022 ya estaba 18 puntos arriba la exjefa de Gobierno de la Ciudad de México.

• El periódico *La Vanguardia* también pone muy lejos a Sheinbaum: en mayo de 2022 reportaba una ventaja de casi 2 a 1, al registrar 36 y 19%, y el mes previo la diferencia era de 10 puntos, 30% contra 20".

Según las encuestas, ¿ya tenemos presidenta?

Crespo Ruiz responde con cautela: "Por estos resultados pareciera que todo está definido y Claudia Sheinbaum será la candidata de Morena y posiblemente la primera presidenta de México, pero…".

—¿Pero?

—Hacia adelante hay aún una campaña interna de poco más de dos meses para elegir mediante encuestas al "coordinador nacional de los Comités de Defensa de la Cuarta Transformación" que será el candidato de la alianza de Morena, Partido del Trabajo y Partido Verde a la presidencia de México el próximo año.

—¿Pueden cambiar las cosas?

—No es lo más probable, pero para responder habría que saber con exactitud quién hará la encuesta de Morena y qué preguntará, con qué diseño muestral, etcétera.

—Pero, por lo pronto, las encuestas hablan de una presidenta…

—Si las elecciones fueran hoy, así sería. De Claudia Sheinbaum y su estrategia fuera del gobierno de la Ciudad de México dependerá mantener su liderato. Ha empezado la recta final de la carrera y ella llega con ventaja, que no es definitiva, pero es mejor llegar al esprint adelante que desde atrás.

En busca de electores en las redes

La construcción de precandidatos comenzó con el sexenio. El primero en iniciar fue Marcelo Ebrard, pues desde que asumió como secretario de Relaciones Exteriores su comunicación estuvo orientada a construir un personaje en campaña.

En la contienda interna, Ebrard ha sido el más insistente en la necesidad de contar con un "piso parejo"; aunque, en rigor, lleva ventaja desde el principio, pues es aspirante a la presidencia al menos desde 2011.

En las redes sociales, Ebrard marcó la pauta en el tono y manera para colocar contenidos, con su incursión en TikTok, el destino inevitable de la comunicación política y de masas, dado que es la que más conversación genera entre los interesados y consumidores de información política. Ebrard intentó "subirse" a los *trends* y llegó a pedir al presidente Evo Morales que bailara frente a la cámara para llevarlo a la red.

Apostando a la viralización, Ebrard disputaba un público lejano y desencantado de la política, la generación Z.

Sumado a la lista de aspirantes tras ser designado secretario de Gobernación, Adán Augusto López Hernández reactivó las cuentas con carácter oficial desde 2022 y comenzó a colocar mensajes con tono de propaganda, más que de campaña.

Por su parte, y con un corte más tradicional en cuanto a las redes utilizadas, como Meta y Twitter, Claudia Sheinbaum buscó hacer crecer la comunidad que consume contenidos, en búsqueda de un lugar en la oferta de comunicación política.

En el camino, los aspirantes —y la aspirante— a la candidatura de Morena tuvieron que aprender o reaprender que las estrategias de comunicación derivan en tácticas que no siempre nacen acabadas o destinadas al éxito. Todas requieren de ajustes sobre la marcha que generalmente son precedidas por grupos de enfoque, paneles, encuestas e incluso etnografías para encontrar qué, cómo y en qué tono quiere el público consumir lo que los políticos disponen.

Entre los vaivenes de los recientes dos años, las redes sociales de la jefa de Gobierno han implementado lo que se advierte son estrategias, en plural, pues no ha mantenido una línea editorial, gráfica ni discursiva. Los ajustes son evidentes.

Hacia mediados de 2022, Sheinbaum admitía:

—Sí, ha cambiado mucho mi comunicación… Las redes sociales no son fáciles de administrar. Entonces sí, tiene que haber consistencia. A veces ser excesivo en ciertas cosas no necesariamente te ayuda a comunicar.

En esa charla, Sheinbaum puso en la mesa un punto en su contra en las redes sociales, aunque es una definición que rechazan personas que la han conocido en distintas etapas de su vida: "En general, soy una persona introvertida".

Ésa es una de las dificultades a la hora de hacer su juego en las redes sociales, porque "la gente quiere conocer, aparte de lo que haces como servidor público, a la persona".

—Y además cada plataforma tiene su lógica, su público.

—Lo importante es la autenticidad. Cuando empiezas a actuar algo que no es, pues la gente se da cuenta de inmediato.

* * *

Para el tercio final de 2021 quedaba atrás la parte más complicada de la pandemia y llegaron algunos, no muchos, videos en trayectos rumbo a diversas alcaldías. En una pieza de noviembre de 2021 se observa a Sheinbaum junto al cauce de Ejidos de San Pedro, un canal cuya obra corrió a cargo del Sistema de Aguas de la Ciudad de México (Sacmex). Pero dicho formato no tuvo réplicas.

La transición fue lenta, pero notoria, en el tono y en la producción de los materiales queriendo mostrar una Claudia activa, capaz, cada vez más cercana, principalmente a los usuarios de Meta entre los 25 y 40 años, que consumen información mediante videos.

Comenzó pues esta ruta de "el político haciendo cosas": poniéndose la vacuna, contándonos más del aspecto personal, lo poco visto, los anhelos. Tuvo también un giro hacia lo colorido en la portada de cada red social, con *feeds* que dejaron atrás el guinda que remite al partido y llevando una paleta de color variopinta.

En noviembre de 2021, Sheinbaum apareció en la portada de *El País Semanal*. El tono de las imágenes y textos fue pulcro. En postura rígida, rostro serio, sentada y postura "tres cuartos", la luz le da un tono de encierro. En otra imagen, sin mirar a la cámara, corre un poco la blanca cortina que hace suponer observa la calle. Son imágenes de alguien que busca qué comunicar que tenga sentido de utilidad para el clima de transformación que se vive.

Pero la evolución más marcada en el caso de la jefa de Gobierno llegó en 2022. Comenzó el año de manera institucional, pero tuvo que adecuar puesto que la misma comunicación del presidente lo hizo al enunciar con mayor frecuencia a "las corcholatas" en las conferencias matutinas.

Pregunté a un consultor, experto en redes sociales, sobre el sentido de la entrevista en *El País*, dado su reducido número de lectores:

Sí, es círculo rojo, una suerte de punto de partida para generar contenidos. No se ofrece la pieza en sí, sino la cantidad de piezas que se desprenden de la misma y que sí son controladas por los equipos de campaña. De una pieza publicada puedes dar línea a los repetidores en Twitter, a las cuñas en radio, hacer post en Facebook resaltando los atributos que se intenta colocar. Es una suerte de pretexto/objetivo.

Con el correr del tiempo vino también el cambio en la imagen personal de Sheinbaum. El cambio de peinado —cabello lacio y coleta— no fue el único. Cambió también el marco referencial de cercanía y de masas que comenzaron a imprimir a los contenidos. Y luego, de todo un poco: recibir a personajes en la oficina, traslados en moto, videos para abordar temas de coyuntura, mítines en respaldo a la fallida reforma eléctrica, donde fue la principal oradora.

También surgieron piezas donde aparecía rodeada de niños o abrazaba adultos mayores, entre otras cuestiones "de color".

En junio de 2022, la jefa de Gobierno dio positivo a covid, lo cual implicó que pasara unos días en casa para recuperarse. Hacia el final de su convalecencia transmitió en vivo, en Meta, algunos aspectos de su casa, un departamento que sus cercanos describen como "más que pequeño". Allende el departamento, Sheinbaum fue profusa en utilizar el adjetivo "pequeño" para describir a la audiencia el espacio que renta desde hace cinco años.

Recurro al mismo experto en el análisis del recorrido de la comunicación de Sheinbaum: "Hay cosas que la imagen misma te debe decir. López Obrador no tiene que decir "estoy en la zona más pobre de Oaxaca, en los Coatlanes, con un hombre pobre, voy a pie y sin seguridad. La imagen es más poderosa, la vista no engaña. Si tienes que explicar la pieza, entonces no es efectiva".

Liderazgo e institucionalidad

Rumbo a su cuarto informe de gobierno, la comunicación de Sheinbaum regresó al tono institucional, sin dejar de lado contenidos familiares o de juventud, pero ganó en foco la presencia de simpatizantes y ciudadanos, políticos, gestiones propias de la ciudad con un componente que quedó de manifiesto: Claudia Sheinbaum como protagonista del relato que intenta llevar a las redes. El "destape" fue evidente desde un tono que la situaba como "quien puede dar continuidad a la 4T".

Hay una Claudia saludando, mano arriba, observada con lozanía por parte de los funcionarios asistentes, quienes baten palmas y regalan sonrisas. La gente se arremolina en torno a ella, hay flores, carteles con consignas de apoyo y gratitud, funcionarios de partido y la perspectiva de "lo masivo". Cada evento tiene la instrucción de, al finalizar, dar la espalda a los asistentes y tomar la foto para que se aprecie el aforo.

Los masivos

Una forma de intentar colonizar otros públicos y audiencias fue implementada con la publicidad y difusión de los conciertos masivos a celebrarse en el Zócalo capitalino. Con la sombra del covid cada vez más tenue, millones de capitalinos estaban (están aún) en la expectativa de tomar las plazas nuevamente.

Sea porque el entretenimiento gratuito paga buenos dividendos o bien porque se trata de una forma de "recuperación y disfrute del espacio público", los conciertos en el Zócalo se volvieron eventos lo mismo celebrados que denostados.

En la citada transmisión desde el pequeño departamento, un usuario comentó: "Traigan a Manu Chao". La jefa de Gobierno atajó: "No me lo van a creer, pero lo estamos buscando".

La expectativa del artista que llegará hasta la Plaza de la Constitución tuvo su punto más alto en abril de 2023, cuando mediante un video posteado en redes anunció que sería la cantante española Rosalía quien daría un concierto el 28 de abril.

—Jefa, te hablan por teléfono.

Sheinbaum toma el celular mientras suena una canción de la citada artista.

—¡Rosalía!

La funcionaria que acompaña y la jefa de Gobierno cierran el video con una gesticulación que alude a la canción "Motomami".

Para 2023 se multiplican los eventos de Sheinbaum que son llevados a las redes.

Los gobernadores, los recibimientos en los estados, la pasarela por su oficina de la jefa de Gobierno (una lista variopinta que va del gobernador de San Luis Potosí al intelectual Armando Bartra), las canciones favoritas, los abrazos, los Pilares, los secretarios. Una vez más, el personaje central es Claudia Sheinbaum y se advierte la intención de situarla como una líder política con arrastre entre las masas.

Desarrollo con bienestar, "¡claro que se puede!"

Hay una línea de coherencia entre la joven que sostuvo un cartel de protesta con la leyenda "Fair Trade and

Democracy Now" durante la visita de Carlos Salinas de Gortari a la Universidad de Stanford, en 1991, y Claudia Sheinbaum como gobernante de una de las ciudades más grandes del mundo.

Más de 30 años después del episodio en Estados Unidos, cuando era estudiante, en el foro "La ciudad y la transformación", con empresarios, Sheinbaum se refirió, sin aludir a la protesta en la que participó, a sus motivos profundos:

> No podemos pensar, como fue el Tratado de Libre Comercio en 1994, que lo único que interesa es la inversión *per se* o el crecimiento del PIB. El gran reto es que estas inversiones tengan una redistribución geográfica y generen bienestar.
>
> La oportunidad que tenemos no solamente es de aprovechar en términos de inversión, sino que sean empleos dignos, que representen salarios dignos; y que esta inversión también represente una esperanza de vida mejor.

Claudia Sheinbaum forma parte de un movimiento que llegó al gobierno en medio de amenazas mediáticas que auguraban el fracaso: la pérdida de empleos, la huida de las inversiones, la devaluación. Ninguna de las apocalípticas advertencias se hizo realidad y los odiadores de la llamada 4T optaron entonces por acomodar su relato: mucho tiempo sostuvieron que una moneda fuerte era signo de estabilidad y buen manejo de la economía, ahora el súper peso es sinónimo de fracaso; si durante décadas impusieron el mito neoliberal de que aumentar el salario mínimo conduciría a una inflación imparable, ahora dicen que los incrementos al minisalario durante el sexenio tienen un impacto marginal.

Tras el anuncio del incremento de diciembre de 2022, Sheinbaum sintetizó: "Cuando el presidente López Obrador llegó al gobierno el salario mínimo era de 88.15 pesos, a partir de enero de 2023 será de 207. En más de 40 años ningún otro presidente había incrementado tanto el salario mínimo".

A mediados de febrero de 2023 Sheinbaum publicó un tuit que podría sintetizar su pensamiento económico: "Aún no encuentran explicación los teóricos del ayer de la realidad de hoy. Se llama economía moral. Subió el salario mínimo y se crea bienestar, se controla la inflación, el peso fuerte y hay desarrollo económico. ¡Claro que se puede!".

En un país en el cual la devaluación del peso ha sido, para generaciones enteras, anuncio de bolsillos vacíos, Sheinbaum subrayaba el hecho de que contar con un peso fuerte resultara incomprensible para los "teóricos del ayer", atados al mito neoliberal de que un gobierno que califican de populista, surgido de la lucha política de la izquierda, tenga buenos números y una macroeconomía estable.

El súper peso ha sido una realidad durante el gobierno de López Obrador. Es la moneda que más se ha revaluado en el mundo. No es una cosa menor si se considera que para los estudiosos del tema —por ejemplo, Enrique Feás, del derechista Real Instituto Elcano de España—, una moneda "es siempre, en última instancia, el reflejo de la confianza en el futuro del país emisor".

¿No se cumplieron los malos augurios? ¿Hay confianza en el futuro económico de México como indican calificadoras y organismos internacionales? Para un sector de los críticos eso carece de importancia.

Una portada del diario *Reforma*, en junio de 2023, informaba que "el peso está tan fuerte que en los últimos 11 meses se ha apreciado un 17%" y añadía pronósticos que lo ubican a un nivel increíblemente bajo en nuestra época, 15.4 por dólar.

Empeñados en mantener el relato de un gobierno fallido, los editores de *Reforma* sostenían que el peso fuerte era un golpe al sector exportador.

Si durante décadas consideraron que la moneda es un "instrumento para la protección de las libertades civiles", como sostuvo Thorsten Polleit en un artículo del ultraderechista Instituto Mises, hoy el peso fuerte es, para ellos, otro signo del desastre "populista".

"La fortaleza del peso es sólo un reflejo de un sistema económico transformado para bien, que respeta las libertades de los inversionistas, pero exige que la buena marcha de los negocios se traduzca en oportunidades de bienestar para todos", sostiene un empresario que se ha acercado a la 4T.

En su habitual conferencia de prensa, el 9 de mayo de 2023, en respuesta a las críticas a la gestión económica de la 4T, Claudia Sheinbaum expuso algunas líneas sobre la marcha de la economía del país.

De entrada, dijo que en el plano internacional hay "un reconocimiento al buen manejo de las finanzas públicas… Muchísimos países se endeudaron durante la pandemia", y hubo presión para que el presidente López Obrador lo hiciera, pero "él planteó que no, que no debería de haber deuda, que lo que había que ver no era el momento, ese momento, sino posterior".

Siguió:

Hoy tenemos la mayor inversión extranjera directa, las exportaciones a Estados Unidos son de las más altas que ha habido, si no es que las más altas que ha habido históricamente; un peso fortalecido, es una de las monedas más fuertes de todo el mundo; no hay aumento respecto a lo que corresponde al PIB de la deuda; la economía creció el primer trimestre más de lo que se esperaba que iba a crecer; y, al mismo tiempo, hay mucho impulso a la economía desde abajo.

Contra el mito neoliberal de "crear riqueza para luego distribuirla", sostuvo:

Es una visión distinta, antes se pensaba que toda la economía tenía que crecer de arriba para abajo y aquí hay un impulso al mercado interno y además el beneficio de la economía de las familias, de la economía popular.

Entonces, es un proyecto distinto que al mismo tiempo representa una disciplina fiscal muy importante que ha tenido el gobierno de México.

En el foro "La ciudad y la transformación", realizado en marzo de 2023, Sheinbaum sostuvo un diálogo con la presidenta de Promotora Empresarial de Occidente, Altagracia Gómez Sierra; la presidenta de Danone Latam, Silvia Dávila Kreimerman, y el CEO de Grupo Danhos, Salvador Daniel Kabbaz Zaga. Ahí, se refirió al original Tratado de Libre Comercio (TLC), con las frases citadas al principio de este apartado, y abordó también el *nearshoring* (la estrategia de las grandes empresas globales que buscan mover sus operaciones para estar más cerca de su destino final):

La inversión extranjera, particularmente de Estados Unidos por la cercanía del mercado, tiene grandes retos que tienen que ver con el bienestar.

Si todos vemos por el interés de la gente, del pueblo, de las mejores condiciones y esperanza de vida, particularmente de las y los jóvenes, entonces realmente esta oportunidad que se está generando por la geopolítica mundial, va a tener un futuro muy promisorio para el país.

Claudia Sheinbaum —afirma otro hombre de negocios que la ha tratado con frecuencia— sostiene una relación "bastante cordial" con el sector empresarial, a partir de la idea de que el gobierno debe apoyar los proyectos de inversión para generar empleo y bienestar, "pero condicionados —sin perder rentabilidad— a que sean parte de la solución, y no del problema, con relación a la crisis ambiental que afecta a todo el planeta y que desde luego se manifiesta en México".

Por su formación y su historia, Sheinbaum se ha referido con frecuencia a la necesidad de "contribuir a la disminución de los gases de efecto invernadero y la adaptación a sequías y otras consecuencias del cambio climático".

En sus discursos ha reiterado que ella, como política y científica, objetivamente piensa que "un mundo mejor es posible".

En ese tenor ofreció una conferencia en la Cumbre de Ciudades de las Américas, celebrada en Denver, Estados Unidos (abril de 2023), en la cual expresó que los retos ambientales no se enfrentan sólo con políticas ambientales, sino con la visión de que el desarrollo humano —"ojo, dije desarrollo y no crecimiento económico"—, la justicia social y ambiental siempre van de la mano.

"La paz y el desarrollo libre de carbón se construye con desarrollo científico y técnico, pero sin olvidar, sin olvidar nunca, la ampliación y la garantía de los derechos sociales y humanos", siguió Claudia Sheinbaum, en cuya hoja de vida —pletórica de distinciones y aportes científicos frente a problemas concretos— ocupan lugares especiales su trabajo, con un grupo de científicos, en un grupo encabezado por el notable químico Mario Molina, así como que formó parte del Panel Intergubernamental de Expertos sobre el Cambio Climático que obtuvo el Premio Nobel de la Paz en 2007. Es el más alto reconocimiento de una robusta lista que da cuenta de sus aportaciones en temas de energía, medio ambiente y desarrollo económico. En el listado figuran también el Premio a la Mejor Ponencia en el Congreso Nacional de Ahorro de Energía (1992), el Premio Jesús Silva-Herzog del Instituto de Investigaciones Económicas de la UNAM (1995), la Distinción Universidad Nacional para Jóvenes Académicos (1999) y el Premio Sor Juana Inés de la Cruz de la UNAM (2011).

Con esas credenciales plantea al sector privado la necesidad de promover el desarrollo, no sólo el crecimiento, y de dar un lugar prioritario a las políticas ambientales.

"Si se entiende lo anterior —asegura el empresario antes citado—, se explica por qué Sheinbaum prefiere, en sus relaciones con la clase empresarial, poner el acento en las coincidencias con los inversionistas y no en las diferencias".

"Sin dejar de ser una mujer política de izquierda, ella ha logrado tener buenas relaciones con figuras del empresariado", como Carlos Slim, de América Móvil; Armando Garza Sada, de Alfa; Daniel Servitje, de Bimbo; Emilio

Azcárraga, de Televisa; Francisco Cervantes, del Consejo Coordinador Empresarial, y muchos otros.

El entendimiento de Claudia Sheinbaum con el sector empresarial viene también de su primera experiencia de gobierno, como secretaria de Medio Ambiente de López Obrador en el entonces Distrito Federal. En esa etapa mantuvo una fluida colaboración con Marinela Servitje para mejorar el Bosque de Chapultepec, un proyecto que no ha abandonado y que como jefa de Gobierno continuó con el apoyo al Fideicomiso Pro Bosque, en el que participan personas como Sharon Fastlicht, Antonio del Valle Perochena, Alejandro Soberón y Alberto Torrado.

Una nota del diario *El Economista*, que glosó la participación de Altagracia Gómez Sierra, presidenta de Promotora Empresarial de Occidente (Minsa, Dina, Almer, Mercader Financial) en el foro mencionado al principio de este apartado, da una idea de cómo mira el sector empresarial a Sheinbaum:

El sector empresarial reconoció a la jefa de Gobierno de la Ciudad de México, Claudia Sheinbaum, por implementar un modelo de justicia social, el cual puede ser replicado en todo el país por medio de acciones puntuales: liderazgo de un proyecto a largo plazo; apoyos financieros a la población, preparación de jóvenes, así como generación de infraestructura, conectividad y desarrollo de tecnología; mayor seguridad; y mejor movilidad.

Altagracia Gómez Sierra habló de la posibilidad de extender ese modelo a todo el país:

Y si tú ves esos cuatro pilares, son los cuatro pilares en los que la jefa de Gobierno ha basado su administración en la Ciudad de México, y eso lo hace ser muy importante, porque se puede replicar a nivel nacional y eso se puede hacer de formas bastante rápidas, otra vez, si se buscan acuerdos intersectoriales no sólo con los grandes empresarios, con la academia, desde luego, con temas de producto y consumo.

"¡Presidenta, presidenta!"

—¿Te ha cambiado estar al frente del gobierno?

—Sí —responde, con mucha seguridad—. Siempre cambia la visión, la responsabilidad, maduras en muchas cosas cuando tienes una responsabilidad tan importante. Porque la madurez no solamente es un asunto de edad, sino de enfrentarte a problemas y solucionarlos. Finalmente, los principios y la base de lo que eres está ahí, a menos que te marees y te vuelvas loco con el poder. Más bien lo veo como afrontar los problemas y madurar frente a ellos, hacerte más responsable.

—Sales a la calle, vas a actos en los cuales te ovacionan y te gritan "¡presidenta!", ¿eso no te marea?

Claudia Sheinbaum ríe y dice de inmediato que no. Sigue:

—En mi mente, siempre, desde que fui secretaria de Medio Ambiente… trabajé de asesora para poderme ayudar, porque cuando entramos a la UNAM los salarios al principio eran bajos, y a veces había que tener tus ocho horas y otro apoyo para poder solventar los gastos de la casa.

"Pero mi primer puesto público importante, con gran responsabilidad, lo obtuve a los 38 años. Desde ahí tenía muy claro en mi cabeza, tal vez por ver a los gobernantes como ciudadana, que había que tener siempre los pies en la tierra, que no te podías marear, y que mucha gente te buscaría por ser secretaria, no por ser Claudia Sheinbaum.

"Y ahora con la gente es distinto, es algo pues muy bonito, te llena el espíritu cuando la gente te abraza, quiere decir que hay cariño, que algo has hecho bien.

—¿Qué encierra para ti la frase "México está preparado para una presidenta"?

—Lo veo más que como algo personal como un logro social. Esta frase de "romper el techo de cristal" no me gusta mucho, porque parece un esfuerzo individual: una mujer que sale adelante, que rompe el techo de cristal... Sí, todo tiene que ver los esfuerzos personales, no todo es social, pero creo que lo que uno busca es que se cumplan los derechos de las mujeres, que las mujeres tengan acceso a todos sus derechos.

"Y entonces yo lo veo más bien como que la lucha de las mujeres, y también la Cuarta Transformación, ha permitido que se visualice la mujer en el espacio público, cosa que a lo mejor antes no era así.

"Esto se lo oí por primera vez a la gobernadora de Colima, Indira Vizcaíno Silva, de que en toda la historia de México, hasta 2018, sólo había habido seis mujeres gobernadoras y que ahora gobernamos al mismo tiempo nueve mujeres. Entonces claro que han cambiado las cosas.

—Lo tendría presente porque la primera fue la colimense Griselda Álvarez.

—Fue la primera, exactamente. Y una mujer muy interesante, por cierto. Creo que se ha abierto esa posibilidad por la transformación.

—Entiendo que con tu idea de futuro tienes que ser cuidadosa, pero ¿qué harías distinto de lo que hace el presidente? O la misma pregunta de otro modo: ¿para qué quieres ser presidenta?

—Te diría tres cosas. Uno, quiero que continúe la transformación, un modelo de desarrollo de nuestro país que mire por los que menos tienen. Lo digo de esta manera: que fortalezca los grandes derechos del pueblo de México, de las mexicanas y los mexicanos. Por eso hablo de la ciudad de derechos.

"Vivimos el movimiento estudiantil que se opuso a la idea de la educación como mercancía. Frente a eso siempre digo: los grandes derechos, a la educación, a la salud, a un salario digno, el derecho a la vivienda, todos los mexicanos y mexicanas debemos tener esos derechos, cada uno con sus características propias.

"Yo quiero ese México, siempre he luchado por ese México y quiero seguir luchando por ese México.

"Segundo, pienso que el hecho de que en mi vida haya tenido una historia de participar en la política para transformar la realidad y al mismo tiempo que haya sido científica, académica, me da una característica especial que creo que le hace bien al país.

"Lo tercero es la honestidad, creo que gobernar con ojos de mujer, pero de mujer honesta, tiene que seguir persistiendo en nuestro país.

"Coincido con el presidente en que la corrupción le ha hecho mucho daño a México y que no se puede regresar a un México con corrupción. Entonces seguir luchando por ello pues es un gran anhelo.

—¿En 2024 la corrupción seguirá siendo uno de los grandes problemas?

—Ya no. Lo que el presidente logró es que el poder no esté al servicio de la corrupción y de los grandes intereses; esto que se dice de que se separó el poder económico del poder político es cierto. Ya no son los grandes intereses los que gobiernan, sino el interés superior del pueblo de México y de la nación. Eso cambió por completo. Pero sí hay un riesgo de que eso regrese, y yo creo que hay que mantener eso por encima de todo.

—En su discurso de toma de posesión del segundo mandato, el presidente Lula dijo: "Nunca los ricos ganaron tanto, nunca los pobres mejoraron tanto su nivel de vida". Por las cifras que vemos aquí, por ahí va la cosa. Hay elementos del modelo que permanecen, pese al cambio político.

—Sí, aunque la última ENIGH [Encuesta Nacional de Ingresos y Gastos de los Hogares, del Inegi] muestra una reducción de las desigualdades, pequeña, pero sí muestra una disminución. Pero es cierto, ningún empresario en México se puede quejar de que se le impidió desarrollarse; al contrario, muchos de ellos, por ejemplo, los que dedicaban a ciertos sectores, con la pandemia crecieron más.

"Una virtud del modelo de López Obrador es la estabilidad económica y financiera del país. Mucha, mucha disciplina financiera, y eso le ha dado una estabilidad enorme a México. Imagínate que en estas condiciones de inflación internacional viviéramos una devaluación del peso, sería terrible. Y no; al revés, hay una apreciación del peso increíble, pero es cierto que no ha habido… para grandes empresarios no ha habido una limitación, y lo único es que tienen que pagar impuestos.

—¿Una transformación profunda es posible sin una reforma fiscal?

—Sí. Le pedí a Raquel Buenrostro, con quien me llevo muy bien y es buena amiga; y a Pablo Gómez, que me ayudarán a revisar qué tanto más hay en el pago de impuestos en el contexto actual de régimen fiscal. Raquel me dice que todavía hay una cancha, y Pablo también.

"Le pregunté a Raquel de qué tamaño es el margen. Porque supongamos que yo quiero hacer en el país lo que hice aquí con las becas de los niños y las niñas: serían otros 300 mil millones de pesos, similar al apoyo que se da a los Adultos Mayores. Hay que hacer las cuentas, y tengo ahí un equipo que me está ayudando en eso.

—"Claudia debe ser candidata de la izquierda, no sólo de Morena y de López Obrador". ¿Te parece valida esa afirmación?

—Sí, uno gobierna para todos y para todas. En qué sentido de la izquierda, pues en el sentido que te diría qué es para mí la izquierda hoy. Porque después de la caída del Muro de Berlín muchas cosas han cambiado en el mundo. Pero creo que el sentido de izquierda tiene que ver, número uno, con asumir la construcción de los grandes derechos del pueblo, y por ello la importancia del Estado, en el sentido de garantizar esos derechos. Segundo, la izquierda democrática, porque también hay izquierdas autoritarias, y yo creo en la democracia, y creo que la democracia puede seguirse profundizando, y al mismo tiempo el bienestar de la gente. Esta idea de que la riqueza va a permear a partir del mercado ha demostrado que es falsa. Entonces tiene que haber una garantía del buen vivir de la gente. Eso para mí es la izquierda. Y por otro lado pues la reivindicación de lo que ha sido la historia de México a partir de las luchas sociales.

"AMLO habla de la Cuarta Transformación refiriéndose a las tres anteriores que consolidan a la nación y al

Estado mexicano, pero yo creo que también hay que reivindicar muchas otras luchas que construyeron el México democrático, fuera del autoritarismo.

"A mí me gustó ahora el Día de la Bandera que el presidente se refiriera a Díaz Ordaz. Porque sí es distinto, nosotros reivindicamos que se acabe con la discriminación, el racismo, el clasismo, que es parte de la concepción de la derecha, desde el fascismo hasta la derecha mexicana que es profundamente clasista. Eso es reivindicar ser de izquierda.

Sheinbaum se refiere a la evocación que hizo el presidente López Obrador en la ceremonia del 24 de febrero, cuando recordó que en 1968

> el ingeniero Heberto Castillo dio el Grito de Independencia en Ciudad Universitaria, con los vivas a los héroes y la lectura de un texto en contra del autoritarismo del gobierno; junto a él, otro dirigente de ese movimiento estudiantil enarbolaba una bandera nacional; por cierto, este hecho enardeció a Díaz Ordaz, porque, como se advierte en sus memorias, se refiere al ingeniero Heberto Castillo de manera peyorativa, llamándole el "presidentito". Lo peor fue que más allá de su intolerancia, ordenó la toma militar de Ciudad Universitaria y el 2 de octubre los miembros del Estado Mayor Presidencial encabezaron la terrible represión de Tlatelolco.

—La revolución que le tocó a tu generación fue la sandinista. ¿Qué te causa ahora lo que ocurre en Nicaragua?

—Es una pena, la verdad, creo que más allá de la política exterior mexicana, cuando hay autoritarismo no se es democrático, no se es de izquierda al final. Pero además contra todos sus compañeros, esto de que tratas peor a tus amigos. También a lo mejor la gente se transforma; no sé si es la misma persona, o el poder la transformó. Como la frase del presidente, que es muy cierta: "Cuando no hay principios, cuando no hay ideales, el poder atonta a los inteligentes y a los tontos los vuelve locos".

—¿Fracasó la transición mexicana y tenemos que ir a otra cosa?

—Creo que más bien lo que fue un fracaso, para mucha gente, fue suponer que esos cambios iban a ser cambios profundos en el país. Y sí lo fueron, para desgracia de México, con la guerra contra el narcotráfico.

"Creo que el Instituto Nacional Electoral ha sido importante. Tener un organismo autónomo, y que no sea la Secretaría de Gobernación, por supuesto que es un cambio importante por el que todos luchamos. El problema es cuando hay élites que se consideran las que generaron esa transición. Cuando finalmente ese grupo, particularmente el de Woldenberg, el de Aguilar Camín, de Rolando [Cordera], que algún tiempo se acercó y ahora para nada, siempre estuvo cerca del poder.

"Recuerdo perfectamente cómo en el 88, y [luego] cuando se funda el PRD, todos hablábamos de fraude electoral, porque fue un fraude contra el ingeniero Cárdenas y lo que era en ese momento la ruptura frente al modelo neoliberal, sacan un desplegado y dicen a ver, quién sabe si hubo fraude electoral y aquí tiene que haber reconciliación, creo que esa vez usaron esa palabra o algo parecido. Y de ahí no se separaron, porque con los gobiernos panistas también estuvieron cerca.

—Tenían negocios, pero también el oído del poder, que mucho les importaba.

—Sí, por eso les dice el presidente los intelectuales orgánicos; hay intelectuales orgánicos de otro lado, tiene una gran discusión eso. Pero ellos se sentían los intelectuales con mayúsculas y los poseedores de la verdad absoluta, y los poseedores de la transición a la democracia; y al final se convirtieron en una élite que no quiere dejar las instituciones de las que se apoderaron, como el INE. Y pues no, el INE no es patrimonio de nadie, es un patrimonio en todo caso del pueblo, porque es una institución democrática o que busca la democracia.

"Entonces el problema es que se volvieron... se enriquecieron además con recursos públicos. Esta cosa de que se quieran liquidar con no sé cuántos millones y con qué derecho aparte de que han ganado 350 mil pesos mensuales y tus bonos y todo lo demás, aparte te quieres ir liquidado con recursos que son de la gente.

—¿Más defensores de la meritocracia que de la democracia?

—Ándale, tal cual, estoy de acuerdo... No sé si decir que fracasó la transición, pero cambiaron las cosas en 2018, porque ahí sí hubo una transformación; antes no, antes hubo un cambio de partido, pero no hubo un cambio ni de modelo ni de nada.

"Y la traición de Fox con el desafuero, una traición a la democracia. Él llega supuestamente por una transición donde la gente vota por acabar con el PRI, y luego cuando ve que evidentemente Andrés Manuel iba a ser el próximo presidente pues traiciona lo que supuestamente se había logrado. Ahí está 2006, con los mismos intelectuales asustados por el movimiento contra el fraude.

—Dice Roger Bartra que el obradorismo es un movimiento populista de signo reaccionario, que no tiene nada de izquierda.

—Tendría que demostrarlo, ¿no? O sea, cuáles son los argumentos

—Que solamente hay izquierda en términos retóricos y en la evocación de figuras de la historia y en una colección de frases, pero que en los hechos hay una política que conserva todas las maldades neoliberales y sigue funcionando con las viejas élites. Pienso en Alfonso Romo y otros.

—Pues sí, pero él con quién está aliado, con Claudio X. González. Si hay contradicción pues es en él mismo. O sea, nadie dice que no puedas tener críticas al gobierno de AMLO, son válidas y qué bueno que las haya. El problema es cuando tus criticas están aliadas a lo peor de la derecha. Entonces cómo dices que no es de izquierda cuando eres aliado de alguien que ha luchado en contra de la democracia.

—A veces hacen recordar a algunos intelectuales brasileños enojados porque en el resto de América Latina Lula fuese considerado de izquierda.

—¿Cuál es su ideal? Habría que preguntarles. Si él es de izquierda, por qué se juntan los polos y acaban viniendo a una marcha con Beatriz Pagés como oradora, con ese discurso es casi fascista, y mentirosa, ¿cómo la eliges como principal oradora?

—¿Alguna autocrítica? ¿Algo que se debió hacer en el gobierno de la Ciudad de México, que se pudo haber hecho mejor o que dejarás pendiente a quien te suceda? En alguna entrevista dijiste que has cumplido 92 de 97 compromisos.

Antes de responder, a diferencia de otras preguntas, hace una pausa. Retoma con una muletilla ("a ver") que quizá le venga de sus tiempos de profesora universitaria, dos palabras de alguien que va a comenzar a dar una explicación (y que repite con mucha frecuencia).

—A ver, hemos vivido una crisis muy fuerte en el tema del agua. Entonces lo que nos propusimos. Te lo voy a dar en números. Mi objetivo era, así con números, quitar de las fugas 2 metros cúbicos por segundo para poder dotar a Iztapalapa y Tlalpan, principalmente, o al oriente con más agua, esa agua que se fuera para allá y mejorar la distribución. Entonces hicimos un programa de sectorización, de control de fugas, de medición, también mucho más complejo de lo que nos imaginábamos, con muchísimos problemas, pero finalmente ahí va ese programa. Y resulta que por la sequía tenemos 2.5 metros cúbicos por segundo menos. Es decir, estamos recibiendo menos agua de la que recibíamos en 2018.

"Entonces, lo que pudimos hacer pues en realidad no se ve reflejado en más agua para el oriente, un poquito más, porque sí hay más, con datos y todo, pero no como hubiéramos querido, que era cumplir con que diario la gente tuviera agua.

"Creo que uno de los grandes pendientes para la zona metropolitana sigue siendo el agua. Ya ahora con más conocimiento de causa, creo que podemos dejar al siguiente jefe de Gobierno un programa muy bien armado. Nos faltan varias obras metropolitanas que estamos haciendo que nos van a ayudar bastante y le van a tocar ya los beneficios al que llegue.

"Pero uno de los grandes temas es el agua, quizá yo creo que es el tema técnico y social más complejo de la ciudad, más que la seguridad.

—Cuando elegiste el lema de "Ciudad innovadora y de derechos", ¿fue una manera de establecer un puente entre buscar una conexión entre tu carrera científica y el ejercicio de gobierno?

—Sí, tal cual. Y yo creo que también... porque innovación no sólo es tecnología, son muchas otras cosas; no sólo, pero sí; ésa era la idea, ciencia y derechos.

—Algunos dicen que a los científicos les hace falta sensibilidad, saber llegar a la gente.

—Ahí si no, yo vengo del movimiento social.

—Todas las encuestas te dan ventaja, pero es mayor cuando la pregunta es quién es más cercana a la gente.

—Pues sí, porque para mí es natural. Lo que más disfruto es estar con la gente, oír, escuchar. De hecho, cuando hacen peticiones, a veces las apunto yo en mi celular, por ejemplo, cuando son temas muy graves, como cuando una mujer dice "es que estoy viviendo violencia en mi casa", en vez de pasar el papelito a los compañeros que me ayudan lo apunto y lo mando directo para su atención. O temas como que "me despojaron de mi casa", los atiendo personalmente. Disfruto mucho estar cerca de la gente.

"Digamos, si uno pensara 'lo que le falta a Claudia es más experiencia en la política-política porque no viene de ahí', pues digo, ya viví la jefatura de Gobierno, ya sé en qué no hicimos bien las cosas, en qué las podríamos haber hecho mejor.

—El feminismo. En estos días vi que Clara Brugada retomó la frase: la transformación será feminista o no será.

—Sí.

—Pero también hay la consideración, de parte del principal líder del movimiento, el presidente López Obrador, de que movimientos como el feminismo o el ambientalismo son de una importancia secundaria.

—Más que secundaria yo sí creo que tú no puedes ser feminista o ambientalista y pensar que eso te va a llevar a la transformación del país. Por supuesto que son demandas que hay que reivindicar y por supuesto que todos estamos de acuerdo en que las mujeres tengan derechos, pero no es lo único. Como era antes, que te decían los viejos comunistas, primero el proletariado y luego las mujeres. Pues no, todo va junto y no puede ir aislado.

Apéndice

Honestidad que da resultados

Discurso de Claudia Sheinbaum Pardo al dejar la jefatura de Gobierno de la Ciudad de México. Monumento a la Revolución, 15 de junio de 2023.

Amigas y amigos, compañeras y compañeros de lucha.

Antes que nada, les agradezco a cada uno de ustedes que estén hoy aquí ya que, a nadie le quede la menor duda, juntas y juntos seguimos haciendo historia.

Me siento feliz que estemos congregados en este histórico lugar, el Monumento a la Revolución, la Plaza de la República, donde se encuentran héroes que hicieron la tercera gran transformación de nuestro país: aquí yacen Francisco I. Madero, Francisco Villa y el general Lázaro Cárdenas del Río.

Hace casi cinco años, por mandato popular, me convertí en la primera mujer electa para gobernar esta hermosa y entrañable ciudad. La capital de la República. Ha sido un privilegio para mí poder servir a este maravilloso pueblo solidario con una historia milenaria. 2.6 millones de mujeres y hombres libres depositaron su confianza en mí para que rescatáramos a la capital del país y puedo decir con orgullo que lo hemos logrado. Pasamos de la corrupción a la honestidad, de los privilegios a los derechos, de la frivolidad al mandar obedeciendo, de la entrega de la ciudad a los intereses de unos cuantos al rescate de la ciudad para el interés de las mayorías, de la exclusión a la inclusión, de la discriminación a la igualdad, de la represión a la libertad, del silencio a la música y del enojo a la alegría.

Nunca se nos debe olvidar, y con más razón por lo que viene a partir de ahora, que el triunfo en las urnas que obtuvimos el 1 de julio de ese histórico 2018 no fue un simple cambio de administración. Somos parte de un movimiento nacional y popular que se fue tejiendo por décadas de lucha y que por decisión del pueblo de México llegó a cambiar el rumbo y destino del país, para construir un México con justicia y sin corrupción, con democracia y de la mano del mejor presidente de la historia moderna de México, Andrés Manuel López Obrador.

Nunca nos mareamos, porque tenemos los ojos en la esperanza y la utopía, pero los pies bien puestos en tierra firme. Nosotros no robamos, no mentimos y no traicionamos al pueblo de México.

Siempre gobernamos con la mística del mandar obedeciendo, de la ciencia con conciencia, del profesionalismo y de la convicción de que el servicio público significa servir al pueblo. Gobernaremos para todas y todos, pero por el bien de todos, primeros los pobres.

Y este desarrollo y este bienestar lo hemos ido construyendo juntos, juntas: gobierno y sociedad. Déjenme les cuento una anécdota. Cuando iniciamos nuestra campaña para la Jefatura de Gobierno, le preguntábamos a la gente cuál era el tipo de ciudad con la que soñaba y la mayoría contestó: "Un lugar donde mis hijos puedan jugar". Y cuando un gobierno escucha a su gente no puede equivocarse.

Para eso hemos trabajado todos los días: para cumplir el sueño de una ciudad que nuestras hijas e hijos puedan disfrutar, para tener esa ciudad de derechos, para tener desarrollo y bienestar para todos, especialmente para los más pobres de esta ciudad.

¡Nos comprometimos a eso y lo estamos cumpliendo! ¡Porque la honestidad da resultados!

Y sí, hay resultados, y muchos. Aquí les voy a compartir algunos datos e información de lo que hemos logrado juntos en estos años de gobierno:

El modelo republicano de austeridad y economía moral es viable, brinda resultados y tiene un alto sentido humanista, atiende a los más pobres, se invierte donde históricamente no se había hecho para reducir desigualdades y se impulsa la economía desde abajo. Miren a nivel nacional lo que ha logrado el presidente Andrés Manuel López Obrador: aumentó casi al doble del salario mínimo, se mejoró el sistema de pensiones, se acabó con la subcontratación ilegal y aumentó el reparto de utilidades, hay mayor democracia sindical, el empleo formal está en niveles históricos, la inversión extranjera directa está en su mejor momento, disminuye la inflación y el peso se mantiene a menos de 18 pesos por dólar. ¡Ahora me pregunto dónde están los que decían que se iba a endeudar el país y que el dólar iba a estar en 30 pesos!

¡El neoliberalismo y la corrupción de las cúpulas quedó atrás y el México de las mayorías está mejor que nunca!

En la ciudad sucede lo mismo. La austeridad republicana brinda resultados. En estos cinco años ahorramos cerca de 100 mil millones de pesos gracias a la eliminación de los privilegios de los altos funcionarios y a que hemos erradicado la corrupción de los altos funcionarios.

Hoy los ingresos públicos se han fortalecido con el pago justo de las obligaciones fiscales, así como la incorporación de nuevos contribuyentes. Al cierre de 2022, se captaron 267 mil 424 millones de pesos, monto 16.2% por arriba de lo registrado en el año anterior, y al primer trimestre 2023 la meta de recaudación superó lo estimado en 8.3 por ciento.

Adicionalmente, a finales del año pasado, la ciudad presentó un desendeudamiento de 2.9%, en términos reales, comparada con el cierre del año anterior. Al cierre de la administración se cumplirá con el compromiso de entregar la ciudad con un menor nivel de deuda, en términos reales, respecto de lo que se recibió en 2018.

En 2021 las agencias calificadoras internacionales nos otorgaron el reconocimiento más alto por tener un manejo responsable de la deuda, una diversificación económica alta, una vinculación relevante con el sector externo, el nivel de ingresos per cápita más elevado del país y la mayor autonomía financiera entre todas las entidades federativas.

Gracias a nuestras finanzas sanas, pudimos destinar importantes recursos a la inversión pública y a programas sociales que hoy son derechos. La inversión pública a lo largo de nuestro gobierno alcanza ya un monto de 123 mil millones de pesos, que sumado a la inversión financiada llega a más de 160 mil millones de pesos. La inversión en programas sociales es de por lo menos 60 mil millones de pesos de presupuesto propio y de 200 mil millones de pesos por parte del Gobierno de México en cinco años.

La economía de la ciudad está en franco desarrollo gracias al trabajo permanente para promover inversiones y al mismo tiempo impulsar la economía desde abajo. Este año, tan sólo en el primer trimestre de 2023 el monto de inversiones fue de más de 7 mil millones de dólares, que representan 38% del total a nivel nacional y más de tres y cinco veces de lo que captaron Nuevo León y Jalisco, respectivamente.

La relocalización de empresas y la rehabilitación de zonas industriales por nuestra parte ha logrado que lugares como Vallejo tengan un resurgimiento. Desde diciembre de 2018 a la fecha, se han inaugurado en esta zona industrial proyectos productivos por más de 3 mil 400 millones de pesos y están en proceso inversiones por 2 mil 650 millones adicionales.

Sin lugar a dudas, la Ciudad de México es el motor económico del país y esto se traduce en más y mejores empleos. En abril de 2020, antes de la pandemia, había un registro de 3 millones 329 mil 731 trabajadores asegurados ante el IMSS y, de acuerdo con estos registros, en abril de 2023 el número de trabajadores se incrementó a 3 millones 421 mil 435, lo que representa un aumento de 91 mil 704 empleos formales. Según la Encuesta Nacional de Empleo, la tasa de ocupación es de 96.3% que se traduce en casi 4.7 millones de personas empleadas.

El que la ciudad funcione de manera correcta se debe a las y los trabajadores de primera con los que cuenta. Por ello a más de 25 mil trabajadoras y trabajadores de nómina y eventuales se les aumentó el sueldo al doble y el día de hoy anuncié la basificación de más de 4 mil trabajadores de la salud.

Los números en turismo también son muy notables y las cifras, de enero a mayo de 2023, ya están por encima de las de 2019. Hasta mayo de este año, la Ciudad de México había recibido un total de 5 millones 577 mil 805 turistas registrados en hoteles, de los cuales 69% son nacionales y el resto extranjeros, que han dejado una derrama por 56 mil 889 millones de pesos, 31% más que en 2019. Vamos bien y dejamos las finanzas de la ciudad sanas. Les comparto que nos vamos sin ninguna observación de la Auditoría Superior de la Ciudad de México.

Ustedes saben que mis orígenes de lucha social están estrechamente vinculados al derecho a la educación. Estoy convencida de que una educación pública, científica y humanista posibilita la formación de ciudadanos conscientes y con mayor compromiso social; además, construye sociedades más libres y democráticas.

Creo firmemente que el corazón de la transformación en nuestra la Ciudad de México está en la educación.

Cuando llegamos al gobierno existía una beca denominada Niñas y Niños Talento: sólo la recibía 10% de los estudiantes de entre 6 y 15 años, quienes debían tener calificaciones de 9 y 10 de promedio. Lejos de resolver un problema, esto causó mayores desigualdades.

Para nosotros, todas y todos los niños tienen talento. Por eso implementamos una beca universal, que promueve la igualdad y a la que bautizamos como la "Beca del Bienestar para Niños y Niñas, Mi Beca para Empezar".

Este programa pasó de 330 a 650 pesos mensuales para estudiantes de primaria y secundaria y a partir de 2022 quedó consagrado en la Constitución de la Ciudad de México. Asimismo, el programa de útiles escolares ha tenido un aumento de 120 por ciento.

A partir del 1 de enero de 2019, las estancias infantiles del DIF y los CENDIS de las alcaldías son gratuitos y fue remodelado 80% de estas instalaciones.

Ha habido una inversión en reconstrucción y mantenimiento mayor en mil 256 planteles de educación básica con una inversión histórica de 2 mil 190 millones de pesos.

Con "La Escuela es Nuestra-Mejor Escuela", hemos entregado a las madres y padres de familia un total de mil 400 millones de pesos en cinco años para la aplicación del mantenimiento de 2 mil 791 planteles educativos públicos. Un modelo autogestivo que ha dado enormes resultados y que se ha replicado a nivel nacional.

Ampliamos la cobertura del programa de alimentos escolares fríos en 30% y además 360 escuelas con 79 mil 823 niñas y niños reciben alimentos calientes.

A nivel medio superior, operan siete nuevas preparatorias del Instituto de Educación Media Superior y pasamos de una matrícula de 25 mil 282 estudiantes en 2018 a 30 mil 587 en la actualidad más otros 22 mil 584 del bachillerato en línea Pilares y 579 del bachillerato de la Policía de la Ciudad de México. Además, construimos tres nuevos planteles del IEMS en Álvaro Obregón, Iztapalapa y Tláhuac. En total, 53 mil 750 jóvenes, casi el doble que en 2019.

A nivel superior, creamos dos nuevas universidades públicas gratuitas: la Universidad Rosario Castellanos y la Universidad de la Salud. La Rosario Castellanos tiene seis planteles, y un séptimo en construcción, donde están inscritas 38 mil 896 personas en 22 licenciaturas, cinco especialidades, siete maestrías y dos doctorados. Por su parte, la Universidad de la Salud, donde se enseña Enfermería y Medicina, ya tiene 2 mil 655 estudiantes. En total, este gobierno ha posibilitado la incorporación de 95 mil 301 nuevas y nuevos estudiantes en los niveles medio superior y superior.

En la actualidad funcionan 293 Puntos de Innovación, Libertad, Arte, Educación y Saberes (Pilares), que son centros comunitarios para la educación, cultura, deporte y autonomía económica donde ya asisten cerca de 400 mil personas de todas las edades. Se han construido más de 250 mil metros cuadrados de infraestructura educativa y más de 415 mil metros cuadrados para la cultura en total.

Éste es el mayor esfuerzo que se haya hecho para apoyar la educación pública desde hace muchas décadas y es la mejor forma de consolidar una ciudad de derechos. Está demostrado que invertir en educación es la mejor forma de avanzar en todos los indicadores de desarrollo humano; así hacemos una ciudad para que las y los niños y jóvenes sean felices y construyan una mejor sociedad. Además, es la mejor inversión para disminuir la violencia y conseguir la paz. ¡La educación es un derecho, no un privilegio!

Como parte del sistema de educación y salud creamos el programa más ambicioso de deporte comunitario, Ponte Pila, con mil 900 jóvenes promotores que llevan la educación física a toda la ciudad. Este sábado se llevará a cabo la segunda clase de box más grande del mundo.

Como un manifiesto cultural por la igualdad de las mujeres y su reconocimiento en la historia realizamos el paseo de las heroínas con 13 figuras en Paseo de la Reforma: Leona Vicario, Josefa Ortiz, Gertrudis Bocanegra, Sor Juana Inés de la Cruz, Margarita Maza de Juárez, Carmen Serdán, Dolores Jiménez y Muro, Elvia Carrillo Puerto, Sara Pérez Romero, Hermila Galindo, Matilde Montoya, Juana Belén Gutiérrez y las Mexicanas Forjadoras de la República. La joven de Amajac es un compromiso que estará cumpliendo Martí.

Preparamos con el Fondo de Cultura Económica un programa ambicioso de fomento a la lectura y agradezco al Consejo Asesor de Cultura de la Ciudad de México, integrado por 13 personalidades del mundo de la cultura y las artes, que será el principal cuerpo colegiado de la Ciudad de México para promover, fomentar y fortalecer el acceso de la población a todas las expresiones culturales.

De 2019 a junio de 2023 realizamos más de 70 eventos de gran formato en espacios públicos, con los que logramos beneficiar a más de 26 millones de espectadores. Los más populares fueron los de Grupo Firme, Rosalía y Los Fabulosos Cadillacs, quienes establecieron un nuevo récord de asistencia. ¡El Zócalo es de todas y todos y ahí vibra el corazón de la Ciudad de México!

El derecho a la salud es otra prioridad para nuestro gobierno. En mi administración nos tocó la pandemia de covid-19, uno de los eventos más difíciles en la historia mundial y que quedará grabado en nuestra memoria. En ese momento nos dimos a la tarea de que nadie se quedara sin ser atendido, que nadie se quedara sin una cama de hospital, algo que afortunadamente se logró.

Implementamos un sistema de vacunación muy exitoso que hasta el pasado 7 de junio había aplicado casi 25 millones de vacunas. La desgracia de la pandemia nos dio la oportunidad de construir un verdadero sistema de salud pública unificado y gratuito que debe seguir manteniéndose y mejorándose.

Construimos tres hospitales y el día de hoy firmamos el convenio para transferir el sistema de salud de la ciudad al IMSS Bienestar.

Para garantizar el derecho a la vivienda hemos realizado más de 125 mil acciones, entre las que destaca la reconstrucción de 14 mil 983 viviendas dañadas por el sismo de 2017. Hemos entregado ya todas las viviendas unifamiliares; la unidad habitacional La Gitana en la colonia Doctores y en breve se entregará la unidad El Porvenir en la alcaldía de Tláhuac.

A todas y todos los que faltan les decimos que no se preocupen, que no se quedará una sola vivienda sin ser reconstruida. Los presupuestos ya están asignados y la gente del Invi se hará cargo de entregar hasta la última vivienda. Es un compromiso que cumpliremos.

Nos propusimos saldar una deuda histórica y lanzamos el programa especial de vivienda que llamamos Ciudad del

Bienestar que sustituirá la Ciudad Perdida de Tacubaya. En abril de 2022 se entregaron 185 viviendas adecuadas y sustentables. Y en el mismo marco de regeneración urbana, en la colonia Atlampa están en proceso de edificación 286 viviendas. En La Montada, un espacio ubicado en Iztapalapa, ya terminamos la Fase 1 de un proyecto de construcción de mil 600 viviendas donde gran parte de la superficie se destinará a áreas verdes.

Esta transformación de Ciudad Perdida a Ciudad del Bienestar, y las construcciones de la colonia Atlampa, La Montada o las de alto riesgo en el Centro Histórico, son acciones que son símbolos. Símbolos de lo que nuestro movimiento representa y anhela, por lo que hemos luchado siempre, que es que los que menos tienen puedan acceder a una vida digna. Porque eso se llama justicia social.

¡Todas las personas tenemos derecho a una vivienda digna y para garantizar ese derecho en mi gobierno se trabaja diariamente!

Atender los temas de movilidad ha significado procurar dar soluciones que impliquen tanto mayor justicia social como ambiental. Para lograr este objetivo nuestro gobierno realizó inversiones sin precedentes por más de 45 mil millones de pesos para mejorar el transporte y la movilidad.

Construimos el Cablebús, un sistema de transporte público operado por el gobierno de la ciudad, que tiene los teleféricos urbanos más extensos de todo el mundo que van de la Sierra de Santa Catarina a Constitución de 1917 y de Cuautepec a Indios Verdes. Y ya se está construyendo una tercera línea que irá del Metro Constituyentes al Pueblo de Santa Fe. Además de ser sustentable, el Cablebús fue ubicado en las zonas norte y oriente de la capital para mejorar la movilidad de los que menos tienen y a la fecha ha registrado más de 77 millones de viajes.

Sobre un segundo piso de la calzada Ermita-Iztapalapa construimos una línea de Trolebús-Elevado que circula a lo largo de 8 kilómetros y ofrece transporte masivo al municipio más poblado del país que es la alcaldía Iztapalapa. A la par adquirimos 500 nuevos trolebuses.

Ampliamos en 51 kilómetros las rutas de Metrobús y ahora contamos con una red de 332 kilómetros. Sustituimos todas las vías del Tren Ligero, lo que permitió aumentar la velocidad y disminuir el tiempo de traslado en 42%. Gracias a una inversión de 757 millones de pesos, se logró un mejor servicio para 85 mil personas que lo usan cotidianamente. Y van a llegar nueve trenes más. También se van a renovar 500 autobuses de la RTP de una flota de mil.

Al cierre de 2022, tenemos ya 231 kilómetros de ciclovías construidos y seis biciestacionamientos en funcionamiento. Y lo mejor, todo esto se ha hecho de la mano de un ordenamiento del transporte público gracias a que establecimos una Red de Movilidad Integrada.

En el Metro estamos haciendo una inversión histórica. Tan sólo este año el presupuesto en mantenimiento es 50% más que en 2018. Además, estamos desarrollando diversas obras para darle al Metro la agilidad y eficiencia que la gente demanda y merece. Algunas de esas obras son: *1)* La de Metro-Energía, que representa una inversión de 4 mil 500 millones y equivale a electrificar una ciudad como Villahermosa o Hermosillo. *2)* Un nuevo centro de comando y control para las Líneas 1 a la 6, que quedará instalado en el C5 de la ciudad. *3)* La modernización integral de la Nueva Línea 1 del Metro, que representa una inversión de 37 mil millones de pesos. *4)* El reforzamiento de la Línea 12 y 2 mil millones de pesos destinados al mantenimiento de trenes.

En resumen, en cuestiones de movilidad y transporte hemos invertido en lugares donde históricamente no se había hecho, tratando de abatir las desigualdades sociales y territoriales que se fueron profundizando a lo largo de los años. Elevar la calidad de vida al disminuir los tiempos de traslado también es otro acto de justicia social.

Con el programa Sembrando Parques recuperamos y rehabilitamos 17 grandes parques y espacios públicos en toda la ciudad, que son: Sierra de Guadalupe, Sierra de Santa Catarina, Cerro de la Estrella, Parque Ecológico de la Ciudad de México, Bosque de San Juan de Aragón, Parque Ecológico Xochimilco, Parque Cuitláhuac, Parque Lineal Vicente Guerrero, Parque Cantera, Eje 6 Sur, Avenida Chapultepec, Parque Leona Vicario, Deportivo El Vivero, Canal Nacional, Gran Canal, Parque Ciprés y Bosque de Tláhuac. Estos 17 grandes parques representan más de 703 hectáreas restauradas.

Además, estamos interviniendo junto con Secretaría de Cultura del Gobierno de México en el proyecto "Chapultepec: Naturaleza y Cultura" en la 4ª Sección del Bosque de Chapultepec con calzadas flotantes, museos y una nueva cineteca nacional. También sembramos más de 45 millones de árboles y plantas, 10 veces más que el total del gobierno anterior; y los tres viveros de la ciudad pasaron de producir menos de 500 mil plantas en 2018 a 10.6 millones en 2022. ¡Juntas y juntos sembramos parques y cosechamos sueños!

Somos una ciudad innovadora y de vanguardia en muchas cuestiones gracias a que creamos la Agencia Digital de Innovación Pública que lleva tres años en proceso de ampliación y modernización del C5. Pasamos de 15 mil 88 a 71 mil 559 cámaras en el sistema de videovigilancia de la ciudad, sustituyendo equipos obsoletos con otros de última generación.

En enero de 2020 se inauguró el Centro de Comando y Control de la Central de Abasto, que cuenta con 636 cámaras, y en febrero de este año comenzó a operar el Centro de Control y Comando Centro Histórico, que se encarga específicamente del perímetro "A" y "B" mediante el monitoreo exclusivo de los sectores Morelos, Centro, Alameda y Congreso.

Somos la ciudad con más puntos de acceso de internet gratuito, pasamos de solamente 98 puntos de acceso en 2018 a más de 31 mil en 2023. Somos la ciudad más conectada del mundo. En la Ciudad de México el acceso a internet es un derecho.

Hoy, 5.7 millones de personas tienen una cuenta Llave y a partir de este año tienen también un expediente digital para realizar 52 trámites digitales completos. Redujimos de 2 mil 500 a 700 trámites y enviamos una iniciativa al Congreso para disminuir aún más.

Incorporamos talento mexicano como equipo dentro del gobierno para impulsar más de 280 desarrollos que, de haberlos adquirido de fuentes externas, hubieran implicado un gasto superior a los 2 mil 500 millones. Con la *App CDMX* el gobierno puso 18 servicios digitales en un solo aplicativo y lo puso en la palma de la mano de la ciudadanía. Hasta mayo de 2023, se han registrado más de 5 millones de descargas de la aplicación.

Creamos el Centro de Innovación Vallejo-i para generar vínculo entre la academia, las industrias y el gobierno de la ciudad. Ahí desarrollamos en conjunto con Conahcyt un centro de almacenamiento y procesamiento de datos que por su calidad es el mejor en América Latina.

El derecho al agua es una de las demandas más sentidas en todo el mundo. Y nuestro gobierno ha laborado arduamente para garantizarlo. Rehabilitamos 202 pozos de agua, de los cuales 119 corresponden al Sistema Lerma y 83 a la ciudad, con los que se han podido recuperar 2 mil 950 l/s de agua.72 brigadas de detección y atención de fugas, disminuyendo los tiempos de reparación en un 25% para líneas primarias y un 35% para líneas secundarias.

Renovamos o rehabilitamos 202 pozos, 40 potabilizadoras, 64 plantas de bombeo de agua potable, 58 tanques y 194 kilómetros de líneas primarias y secundarias

Trabajamos con la Comisión Nacional del Agua y el Estado de México en obras para suministro adicional de agua potable, como la mejora del Sistema Cutzamala, una potabilizadora en la presa Madín, humedales en el Cerro de la Estrella y Valle de Xico, entre otras.

Se rehabilitaron en el sistema de drenaje de la ciudad 68 plantas de bombeo, 45 estructuras y compuertas de control del drenaje profundo y 17 plantas de tratamiento de aguas residuales y desazolvamos 18 presas del poniente de la ciudad y nueve lagunas.

Recuperamos tres tanques y vasos de regulación con una capacidad total de 54 mil 700 metros cúbicos, reparamos 9 mil 572 metros de drenaje y saneamos más de 12 kilómetros de cauces de ríos, donde destaca el Canal Nacional. Rehabilitamos 142 pozos de absorción de agua de lluvia y apoyamos para que 59 mil 929 viviendas contaran con captación de agua de lluvia.

En el rubro de la obra pública hemos ido mencionando lo que hemos hecho en cada área, pero les quiero mencionar algunas otras obras más:

- Reconstrucción, rehabilitación, conservación y equipamiento de mil 256 planteles de educación pública
- Ampliación, reconstrucción y construcción de 20 Centros de Salud
- Unidad de Salud Integral para Personas Trans
- Centro Especializado en Medicina Integrativa
- Al final de este año se habrán rehabilitado 160 centros de salud y 2 hospitales

Infraestructura social

- 13 Unidades de Lunas
- Rehabilitación de 17 Centros de Asistencia e Integración Social y construcción de dos más en este año
- Escuela de box en Tepito
- Rehabilitación de la Central de Abastos que no había sido intervenida desde su inauguración
- Mercado San Cosme, La Merced y San Gregorio Atlapulco
- Mejora de la infraestructura junto con las alcaldías en 187 de los 335 mercados públicos

Infraestructura para la seguridad y procuración de justicia

- Construcción de dos estaciones de bomberos (Iztacalco y Milpa Alta)
- Rehabilitación y construcción del Centro Penitenciario de Santa Martha Acatitla

- Rehabilitación del Centro Femenil de Readaptación Social Tepepan
- Reconstrucción del Centro de Tratamiento Especializado para Adolescentes de San Fernando
- Mejora integral del edificio de la Fiscalía de Investigación Estratégica Central

Ciudad sustentable

- Planta de Hidrocarbón, la más grande en su tipo a nivel mundial
- Estación de Transferencia y Planta de Selección Azcapotzalco, la más moderna de América Latina
- Este año se concluye la construcción de la Planta de Selección en Aragón
- Reducción de 22% de disposición final de residuos
- Regeneración y creación de 57 hectáreas humedales
- Intervención en 333 colonias con el programa Bienestar en tu colonia en calles secundarias
- Se incrementó tres veces el volumen de producción de mezcla asfáltica en la Planta del Gobierno de la Ciudad
- Construcción de 6.5 km de siete puentes vehiculares (Emiliano Zapata, Eje 6, Cielito Lindo, Viaducto Río de la Piedad, Chamixto, Las Adelitas, Galindo y Villa)
- Mantenimiento a 89 puentes vehiculares
- Mantenimiento de 323 puentes peatonales
- Reconstrucción de la carretera México-Xochimilco

Infraestructura cultural

- Reforzamiento y restauración del Ángel de la Independencia
- Restauración de 37 bancas de cantera en Paseo de la Reforma
- Faro Cosmos (desarrollo de las artes escénicas y cinematográficas)
- Conclusión del Museo Infantil y Juvenil Yancuic, un nuevo espacio gratuito en el oriente de la ciudad

Todo este listado, que no fue exhaustivo, nos da idea de lo mucho que se ha trabajado por renovar la infraestructura de esta ciudad para que sea una ciudad no solamente de vanguardia sino para que la gente que menos tiene pueda tener un verdadero derecho a la ciudad.

En el México de hoy, una de las políticas públicas más importantes debe ser garantizar la protección a las mujeres y las niñas, por lo que en la Ciudad de México implementamos varios programas para procurar espacios libres de violencia para nosotras.

En noviembre de 2019 tomamos la decisión de decretar la Alerta por Violencia contra las Mujeres, a partir de la cual hemos desarrollado diversas acciones, entre las que destaca la aprobación de cuatro leyes: *1)* el banco de ADN para agresores sexuales; *2)* el registro público de agresores sexuales; *3)* la Ley Olimpia, y *4)* la reforma a la Ley de

Acceso de las Mujeres a una Vida Libre de Violencia de la Ciudad México para asegurar que el agresor deje el domicilio en vez de la víctima.

También instauramos tres Centros de Justicia para las Mujeres a cargo de la Fiscalía General de Justicia; creamos la Fiscalía de Feminicidios; establecimos 27 centros de atención integral para las mujeres a los que llamamos Lunas y que han atendido a mujeres en riesgo de feminicidio; instituimos una red de abogadas de las mujeres que están desplegadas en 79 agencias del Ministerio Público para garantizar el acceso a la justicia y erradicar la revictimización; fundamos la red de mujeres para el Bienestar que tan sólo entre 2021 y 2022 visitó a 437 mil mujeres en las 16 alcaldías de la ciudad.

De 2019 a 2023, se intervinieron más de 800 kilómetros de caminos seguros gracias al programa Senderos seguros; camina libre, camina segura, invirtiendo más de mil 100 millones de pesos en ellos. 6 mil 435 mujeres víctimas de violencia en riesgo feminicida han sido apoyadas con recursos para generar autonomía económica y pusimos en marcha el número y protocolo de atención *765 para atención de violencia contra las mujeres. Todas estas acciones han permitido una reducción de 26% en las muertes violentas de mujeres y un aumento en la vinculación de presuntos responsables de feminicidios en un 194 por ciento.

Es tiempo de mujeres, y eso significa vivir sin miedo y libres de violencia. Y desde esta tribuna les digo, compañeras, amigas, hermanas, hijas, madres: NO ESTÁN SOLAS. Nos tenemos las unas a las otras y a la solidaridad como valor fundamental. También les digo que en mí siempre encontrarán la empatía de una aliada que sabe que a nosotras todo nos cuesta el doble. A pesar de eso, saldremos adelante, juntas, todas como la comunidad solidaria y resiliente que somos.

¡Nunca más un México sin nosotras!¡Nunca más un México donde estemos atrás, donde nos digan que calladitas nos vemos más bonitas! ¡Nunca más el silencio! ¡Que nuestras voces hagan retumbar esta plaza y al país entero! ¡Es tiempo de ser las protagonistas de nuestra propia historia! ¡Las mujeres no sólo acompañamos este gran movimiento de transformación nacional, podemos encabezarlo también!

Un área donde tuvimos excelentes resultados es la de seguridad. Cuando llegamos al gobierno de la ciudad había un crecimiento exponencial en todos los delitos, particularmente en los homicidios. Llegamos a tener promedios mensuales de seis homicidios diarios, hoy ya lo redujimos a un promedio de dos homicidios diarios.

Cuando llegamos al gobierno de la ciudad había un crecimiento exponencial en la mayoría de los delitos, especialmente los homicidios dolosos. Un verdadero caos. Pero con mucha determinación y coordinación hemos tenido grandes avances. De 2019 a la fecha comparando el periodo de enero-mayo de 2019 estos algunos de las disminuciones:

Total de delitos de alto impacto: 58%

Homicidios dolosos: 51%

Robo de vehículos con violencia: 69%

Robo de vehículos sin violencia: 54%

Robo a negocio con violencia:71%

Lesiones dolosas por arma de fuego: 68%

Robo a bordo de taxi: 70%

Robo en el Metro: 66%

Robo a casa habitación con violencia: 67%

Robo a cuentahabiente: 69%

Robo en vía pública: 48%

Robo a conductor-pasajero de vehículo: 76%

De acuerdo con el Inegi, el porcentaje de la población que percibe a la delincuencia como el principal problema en la ciudad pasó de 74% en el último trimestre de 2018 a 44% en el primer trimestre de 2023. Ninguna entidad de la República tiene la disminución en percepción que tuvo la Ciudad de México.

El éxito se debe a nuestro modelo de seguridad que está dividido en cuatro ejes clave: Atención a las causas, Más y Mejor Policía; Inteligencia e Investigación y la Coordinación entre al interior del Gabinete de Seguridad y Justicia y al exterior con las 16 Alcaldías. Eso último permitió que el Gabinete de Seguridad se reuniera en más de mil 512 ocasiones, desde que entramos al gobierno de la Ciudad. Todos estos logros han hecho que se tengan decenas de reconocimientos a nivel nacional e internacional, 63 para ser exactos. Entre los más importantes están: dos veces el premio a la Innovación en Transparencia en México por nuestro Portal de Datos Abiertos y nuestro Sistema de Información Geográfica, el Premio "Construir Igualdad" de la UNESCO a nuestros Puntos de Innovación, Libertad, Arte, Educación y Saberes (Pilares) (2020), Reconocimiento de UNICEF al Programa "Mi Beca para Empezar" (2023), Premio Eduardo Campos-Gobernarte 2019 del Banco Interamericano de Desarrollo (BID) al Sistema de Información para el Bienestar Social de la Ciudad de México y Premio Interamericano a la Innovación para la Gestión Pública Efectiva por la Promoción del Enfoque de Igualdad de Género, Diversidad y Derechos Humanos en la Policía Capitalina (2022).

Compañeras y compañeros, somos, orgullosamente, un gobierno que tiene los principios de la Cuarta Transformación de la vida pública de México. Nos eligieron para erradicar la corrupción, los privilegios, el espionaje, la compra del voto, el moche, la autorización de desarrollos inmobiliarios ilegales a cambio de departamentos para la familia y la frivolidad como forma de gobierno. Nos eligieron para dejar atrás una ciudad de exclusión, de represión, de discriminación, de desigualdades.

La corrupción del de arriba pervierte todo. El uso de las estructuras de gobierno para el beneficio personal o de un grupo ensucia el servicio público y la mística del mandar obedeciendo, del profesionalismo y de la convicción de que el servicio público significa servir al pueblo.

Lo que está ocurriendo en México en estos ya casi cinco años bajo el liderazgo del presidente Andrés Manuel López Obrador y por mandato popular es una ruptura pacífica con el viejo régimen, un cambio profundo que ha demostrado que es posible un modelo de desarrollo sustentado en la honestidad, la economía moral, la austeridad republicana y la construcción de un verdadero Estado de bienestar.

Realicé un muy sucinto informe para que ustedes conozcan el estado en que dejamos esta noble ciudad. Estoy profundamente agradecida con ustedes que me permitieron servirles en cuerpo y alma por casi cinco años. También le doy las gracias a mi gabinete que me ha acompañado en todo este tiempo y que se queda con ustedes a terminar las tareas pendientes. Ninguna obra quedará inconclusa, hay presupuesto asignado y deberán terminarse. De eso pueden tener plena certidumbre. Se queda Martí.

Cuando el presidente dice nada de zigzagueos, entendemos y compartimos claramente los principios del humanismo mexicano, que por el bien de todos primero los pobres, que no puede haber gobierno pobre con pueblo rico y que el poder sólo es virtud cuando se pone al servicio de los demás.

Ya estamos por concluir y quisiera decirles que este encuentro ciudadano no es un adiós sino el inicio de una decisiva etapa hacia el futuro. Como ustedes saben, dejo la jefatura de Gobierno para buscar ser la primera mujer que encabece los destinos de nuestra nación.

Considero que soy la única persona que estará en la encuesta que proviene de una carrera científica y que, al mismo tiempo, ha participado en la lucha por la democracia, las libertades, la justicia social y ambiental y los derechos de las mujeres desde que tenía solamente 15 años. Goberné esta ciudad siempre bajo los principios de no robar, no mentir y no traicionar al pueblo. Y así me seguiré conduciendo.

Me siento confiada en cumplir con el objetivo de nuestro movimiento: darle verdadera continuidad a la transformación iniciada por el presidente Andrés Manuel López Obrador pero siempre con un sello propio. Quiero recordarles que nuestra fortaleza es la honestidad y la honestidad da resultados.

Amigas y amigos, México ya no se escribe con M de machismo, se escribe con muchas letras, con M de madre, con M de mujer. Nuestra patria libre y soberana, por voluntad de su pueblo, está escribiendo el capítulo de la igualdad, de la justicia, de la revolución de las conciencias, de la consolidación de la Cuarta Transformación y del tiempo de mujeres.

Pido que digan conmigo:

Ni un paso atrás en la transformación.

Vamos al encuentro con el pueblo de México. ¿Me van a acompañar en esta hazaña?

Es tiempo de continuar con la transformación. Es tiempo de profundizar en el bienestar común. Es tiempo de llegar a donde nunca hemos llegado. Es tiempo de construir utopías y nuevas realidades. Hemos hecho historia, estamos haciendo historia. ¡Es tiempo de mujeres! ¡Y vamos a seguir haciendo historia!

Gracias por permitirme gobernar nuestra gran ciudad.

Gracias por estar juntas y juntos.

Gracias por seguir animando la esperanza.

Gracias por hacer grande la ciudad, la capital del país.

Gracias por permitirme seguir a su lado.

Como dice el presidente López Obrador: "Amor con amor se paga", o dicho de otra manera: el cariño y el amor de un pueblo se lleva en el corazón.

¡Viva la igualdad!

¡Viva la Ciudad de México!

¡Viva México!

Claudia Sheinbaum: presidenta de Arturo Cano
se terminó de imprimir en julio de 2023
en los talleres de
Impresora Tauro, S.A. de C.V.
Av. Año de Juárez 343, col. Granjas San Antonio,
Ciudad de México